高速公路建设安全管理手册

第二册 标准化管理

浙江交投交通建设管理有限公司 主编

人民交通出版社股份有限公司
北 京

内 容 提 要

《高速公路建设安全管理手册》在充分总结梳理高速公路建设安全管理经验的基础上,依据相关法律法规及标准规范编写而成,分为管理要点、标准化管理、特种设备和专用设备管理三册。本书为第二册,共分3章,内容包括施工安全标准化管理、工点防护标准化、施工安全防护设施标准化设计等。

本书可供高速公路建设安全管理人员、技术人员及一线作业人员参考。

图书在版编目(CIP)数据

高速公路建设安全管理手册. 第二册, 标准化管理 / 浙江交投交通建设管理有限公司主编. — 北京：人民交通出版社股份有限公司, 2023.7
ISBN 978-7-114-18829-9

Ⅰ.①高… Ⅱ.①浙… Ⅲ.①高速公路—道路工程—安全生产—标准化管理—手册 Ⅳ.①U412.36-62

中国国家版本馆 CIP 数据核字(2023)第 098534 号

Gaosu Gonglu Jianshe Anquan Guanli Shouce　Di-er Ce　Biaozhunhua Guanli

书　　名:	高速公路建设安全管理手册　第二册　标准化管理
著 作 者:	浙江交投交通建设管理有限公司
责任编辑:	李　沛
责任校对:	赵媛媛
责任印制:	张　凯
出版发行:	人民交通出版社股份有限公司
地　　址:	(100011)北京市朝阳区安定门外外馆斜街 3 号
网　　址:	http://www.ccpcl.com.cn
销售电话:	(010)59757973
总 经 销:	人民交通出版社股份有限公司发行部
经　　销:	各地新华书店
印　　刷:	北京市密东印刷有限公司
开　　本:	787×1092　1/16
印　　张:	12.75
字　　数:	278 千
版　　次:	2023 年 7 月　第 1 版
印　　次:	2023 年 7 月　第 1 次印刷
书　　号:	ISBN 978-7-114-18829-9
定　　价:	100.00 元

(有印刷、装订质量问题的图书,由本公司负责调换)

《高速公路建设安全管理手册 第二册 标准化管理》

审定委员会

主　　任：陈继禹　金朝阳

副 主 任：邱兴友　杨　洲　方明山　杨成安　李　群　潘根东
　　　　　任列平　吴波明　马必利　黄决革　王剑琳　吴华宾

编写委员会

主　　编：伍建和

副 主 编：韩成功　蒋　强　陈　翔　孙晓军

编写人员：薛温瑞　李　季　陈　磊　赵殿鹏　俞腾翔　张天宇
　　　　　张　伟　贾洪波　王乾宏　胡慈波　李　勇　史森枭
　　　　　黄敬正　叶长运　吕　洲　王　寅　邵　威　宋浙安
　　　　　姚贵帮　王呈豪

PREFACE 序

党的十九大报告提出建设交通强国,为我国交通工程建设发展指明了方向。"不以规矩,不能成方圆",说明自古以来标准和规则都是社会发展的基本要求。在公路行业蓬勃发展的热潮中,浙江省在高速公路建设安全标准化工作中逐渐摸索出一条自己的道路。

浙江省第一条高速公路——沪杭甬高速公路于1992年开工,意味着浙江省高速公路建设迈出了第一步,高速公路建设安全标准化工作也一并启动。随着杭金衢、金丽温等多条高速公路主骨架路段开始建设,高速公路建设管理力度逐步加大,地方支持保障力度逐步加强,各级交通运输主管部门陆续出台了安全标准化管理的相关政策,参建单位也狠抓安全标准化、制度化建设。2017年,全国公路水路品质工程现场推进会在乐清湾跨海大桥召开,浙江交投交通建设管理有限公司(以下简称"浙交建设")顺势出台了全省首个《安全管理大纲》,标志着浙江省高速公路建设正式进入标准化、制度化的发展层面。

为推动浙江省高速公路建设高质量发展,促进高速公路建设标准化管理,提升安全管理水平,树立行业文明施工形象,浙交建设总结提炼乐清湾跨海大桥、宁波舟山港主通道、杭绍甬高速公路杭绍段、杭甬复线一期等项目的安全标准化工作创新和实践,组织编制了《高速公路建设安全管理手册》(以下简称《手册》)。

《手册》共分为三册,汇集了浙交建设推进高速公路建设安全标准化、创建"平安百年品质工程"的有益尝试和感受体会,内容丰富,案例翔实,既有关键技术的创新突破,也有实践经验的提炼总结,具有很强的针对性和学习借鉴价值,为浙江省高速公路建设提供了安全标准化管理思路。

加快建设交通强国,实现交通建设的高质量发展,需要我们学习互鉴、共同提高。《手册》具有一定的适用性、专业性、可读性,希望广大同业者能与我们广泛交流,共同守正创新,提升安全管理水平,让安全标准化管理在交通建设领域持续焕发勃勃生机,奋楫续写新时代建设交通强国新荣光。

FOREWORD 前言

《交通运输部关于加强交通运输安全生产标准化建设的指导意见》(交安监规〔2023〕1号)提出,"安全生产标准化建设已成为行业企业履行法定义务、落实标准规范和管理制度、保障正常生产经营秩序、建立安全生产长效机制的内在要求和有效途径。"浙江交投交通建设管理有限公司在现行公路工程标准规范的基础上,针对工程质量通病及管理薄弱环节,充分吸收各地施工标准化的经验和成果,全面推行现代工程管理,促进高速公路建设标准化、规范化、精细化,全面提高项目建设管理水平。

安全生产标准化是一项庞大的系统工程,不仅涉及的因素十分庞杂,而且多个因素之间存在复杂的相互作用关系。基于此,本书从标准化管理入手,从施工安全标准化管理、工点防护标准化和施工安全防护设施标准化设计三方面,对安全生产标准化进行了梳理和阐述。

施工安全标准化管理规范了通用标志标牌、人员防护、防护设施及安全通道标准化等内容,形成统一的安全标准化工作要求;工点防护标准化,是为了科学规划场地布局,合理划分设备、材料堆放区域,落实定置化管理,打造"移动工厂",解决作业区域狭窄、交叉作业等带来的安全问题,规范作业行为,从源头上改善安全生产条件;施工安全防护设施标准化设计是"专业化设计、装配化生产、模块化安装"理念的重要体现,通过对施工现场安全防护设施进行专业化设计,编制设计图纸,现场模块化组拼安装,提升标准化程度,提高周转率、减少安装时间、降低成本,为交通建设本质安全管理提供新的思路和实践。

全书配有大量工程实践中的常见案例图片,可供交通建设工程项目参建单位从业人员学习借鉴。

CONTENTS 目录

1 施工安全标准化管理

1.1 通用标志标牌 …………………………………………………… 2

1.2 人员防护 ………………………………………………………… 16

1.3 防护设施 ………………………………………………………… 20

1.4 安全通道 ………………………………………………………… 29

1.5 消防管理 ………………………………………………………… 37

1.6 临时用电 ………………………………………………………… 39

2 工点防护标准化

2.1 桩基施工"工点" ………………………………………………… 52

2.2 承台墩身施工"工点" …………………………………………… 54

2.3 盖梁施工"工点" ………………………………………………… 60

2.4 挂篮施工"工点" ………………………………………………… 65

2.5 满堂支架施工"工点" …………………………………………… 69

2.6 预制梁板施工"工点" …………………………………………… 70

2.7 桥面系施工"工点" ……………………………………………… 74

2.8 隧道施工"工点" ………………………………………………… 79

2.9 明挖隧道基坑施工"工点" ································· 83
2.10 边坡施工"工点" ····································· 86
2.11 路面施工"工点" ····································· 87
2.12 两区三厂施工"工点" ································· 93
2.13 码头"工点"安全设施标准化 ·························· 111

3 施工安全防护设施标准化设计

3.1 基本规定 ·· 118
3.2 标准化设计 ·· 118

1 施工安全标准化管理

高速公路建设安全管理手册

1.1 通用标志标牌

1.1.1 基本要求

安全标志标牌应设置合理,安装牢固,外观清晰,颜色醒目,结构尺寸合理,在夜间或视线不良的作业区,还应增设必要的警示灯或反光设施。

施工现场出入口、大型机械设备、出入通道口和沿线交叉口应设置安全标志,安全标志包括禁止标志、警告标志、指令标志和提示标志。其使用按现行《安全标志及其使用导则》(GB 2894)的规定执行。

标志标牌的样式应采用统一格式。

标志标牌应当采用坚固耐用的材料制作,一般不宜使用易变形、易变质或易燃的材料。若所在地区可能受台风影响,制作的标志标牌应便于安装拆卸,如采取基础预留法兰、活动式支腿固定等方式。

标志标牌一般不设置在可移动的物体上,也不应设置在经常被其他物体遮挡的地方。经常检查标志标牌的使用状态,保持清洁醒目、完整无损。当发现有破损、变形、褪色等不符合要求的损害时,应及时修整或更换。

根据工程特点和不同的施工阶段,现场的安全标志标牌要及时准确地增补和删减、调整位置,实施动态管理。

标志标牌注明的尺寸为建议尺寸,施工单位可根据实际情况调整尺寸大小,如图1-1、图1-2所示。

图1-1 标志标牌样式

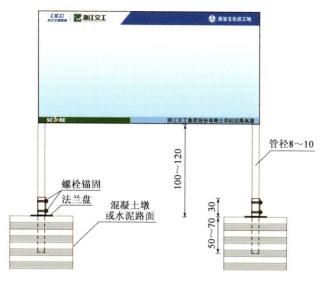

图 1-2　标志标牌安装示意(尺寸单位:cm)

1.1.2 "五牌一图"设置

施工单位项目部驻地、工区驻地、隧道洞口、大型桥梁、互通立交、预制厂、拌和厂、钢筋加工厂等集中作业区域应设置"五牌一图",即施工告示牌、安全生产牌、文明施工牌、消防保卫牌、危险源告知牌和施工总体平面图。

1)施工告示牌

施工告示牌应标明工程名称、工程地点(桩号)、工程等级、建设单位、设计单位、监理单位、施工单位、监督单位、工程造价、工期、质量安全目标、项目部主要人员、工程质量保证措施、安全生产保证措施、工期保证措施和廉政建设措施。如图 1-3 所示。

图 1-3　施工告示牌格式

2) 安全生产牌

安全生产牌主要内容包括安全生产管理制度、施工现场安全生产要求、措施,尺寸一般为 2m×2.5m,如图 1-4 所示。

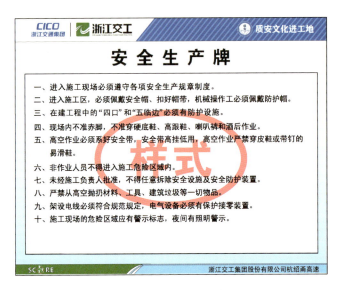

图 1-4　安全生产牌格式

3) 文明施工牌

文明施工牌主要内容包括文明施工管理制度、文明施工注意事项,尺寸一般为 2m× 2.5m,如图 1-5 所示。

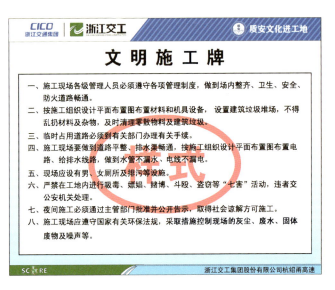

图 1-5　文明施工牌格式

4) 消防保卫牌

消防保卫牌主要内容包括消防安全保障措施、危化品管理措施和治安、保卫、门禁方面的要求，尺寸一般为2m×2.5m，如图1-6所示。

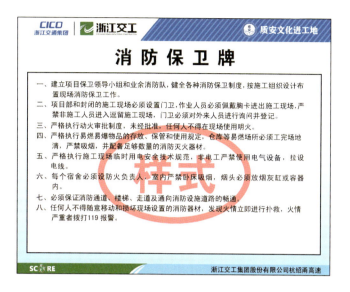

图1-6　消防保卫牌格式

5）危险源告知牌

危险源告知牌应明确危险源位置、危险源特征、可能造成事故的类别、防范措施、责任人等内容，尺寸一般为2m×2.5m，如图1-7所示。

序号	活动内容	危险源	后果	预防控制措施
1	桥梁施工	护壁强度破坏、失稳	坍塌	定期检查护壁状态、及时补强
2	桥梁施工	钢筋、模板等构件起重吊装违章作业、绑扎不牢	起重伤害	应设专门的起重指挥人员、操作人员进行教育培训
3	桥梁施工	人员孔内上下梯子不牢固、违章上下	高处坠落	孔壁架设结实梯子，上下攀爬时应系安全绳，注意抓稳扶牢
4	桥梁施工	通风机使用期未设人定期养护	机械伤害	设置专人定期对设备进行检查、维修、保养
5	桥梁施工	取土吊斗失稳、起吊机失灵	物体打击	吊斗装料应均衡，不能高出斗边缘5cm，起吊操作人员作业前应检查机械及绳索
6	桥梁施工	现场电线老化、配电箱破损、电缆埋设不符合要求	触电伤害	及时更换老化线路和配电箱，严格按照用电规范进行线路合理布置
7	桥梁施工	爆破用药量不当、飞溅物	放炮	爆破时人员应远离孔口，注意个人防护，按爆破方案控制药量
8	桥梁施工	通风不畅	中毒窒息	作业前要进行15分钟孔内通风换气，过程中发现呼吸不适，应及时再通风或撤离
9	桥梁施工	使用磨损达到报废的钢丝绳	起重伤害	定期检查做好维修保养记录
10	桥梁施工	孔口堆置物堆放不当	物体打击	孔口设置圈井高出30cm，设明显标志，堆置物离孔口距离2m以上，孔内人员应佩戴安全帽

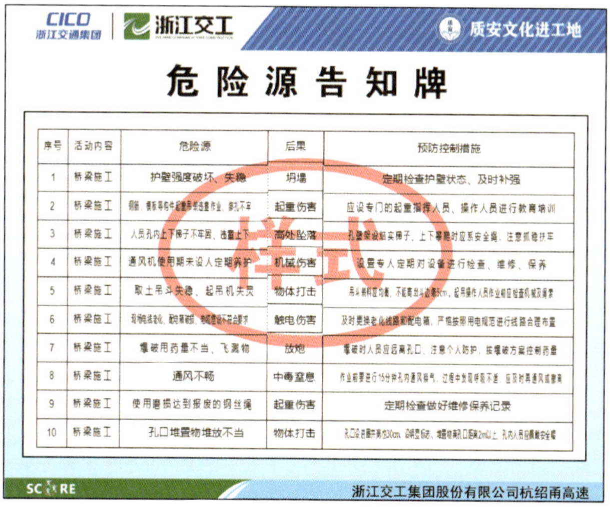

图1-7　危险源告知牌格式

6）施工总体平面图

施工总体平面图应对施工现场的布置采用图表方式表达，注明位置、面积、功能，尺寸一般为2m×2.5m，如图1-8所示。

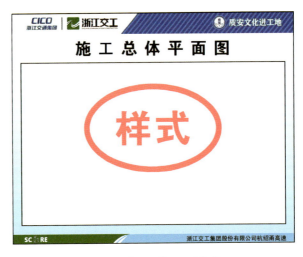

图 1-8　施工总体平面图格式

1.1.3　班组作业标准化标志标牌设置

班组作业标准化标志标牌包括班组信息牌、安全生产预警提示牌、班组施工告示牌、班组质量提示牌、班组操作规程牌、班组平面布置图，尺寸一般为 0.6m×0.9m，可分块制作，也可整体制作，如图 1-9～图 1-14 所示。

制作要求：规格为 0.6m×0.9m，竖立，材料为方管铁牌；施工区域存在隔离防护的可直接挂在隔离栅上，无隔离栅的制作支腿。

图 1-9　班组信息牌格式

图 1-10　安全生产预警提示牌格式

图 1-11　班组施工告示牌格式

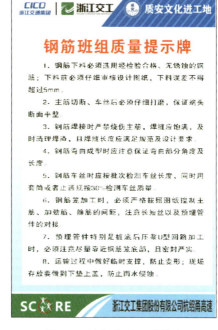

图 1-12　班组质量提示牌格式

图 1-13　班组(外场)操作规程牌格式

图 1-14　班组平面布置图格式

1.1.4　其他明示标志牌

其他明示标志牌见表1-1。

其他明示标志牌　　　　　　　　　　表1-1

序号	图形名称	制作要求(mm×mm)	安装要求	设置范围和部位
1	安全员袖标	尺寸为100×90,电脑刺绣	随身穿戴	施工现场安全员
2	班组长袖标	尺寸为100×90,电脑刺绣	随身穿戴	施工班组长
3	氧气存放处	尺寸为400×300、白底红字	悬挂或粘贴(喷涂)	钢筋加工厂氧气、乙炔存放处,预制厂氧气、乙炔存放处
4	乙炔存放处	尺寸为400×300、白底红字	悬挂或粘贴(喷涂)	钢筋加工场厂氧气、乙炔存放处,预制厂氧气、乙炔存放处
5	机械设备标识牌	尺寸为400×300	悬挂或粘贴(喷涂)	施工机械设备处
6	材料标识牌	尺寸为400×300	悬挂或粘贴	材料存放区
7	项目负责人带班公示牌	尺寸为1200×1500	竖立、悬挂	施工现场
8	应急救援措施牌	尺寸为2000×1500	竖立	隧道洞口、栈桥门口
9	机械设备操作规程牌	尺寸为2000×1500	竖立	施工场地醒目位置
10	环保水保公示牌	尺寸为2500×2000	竖立	桥梁、隧道、站场、拌和厂、梁场等重点工程的醒目位置,施工现场工地出入口醒目位置
11	配电箱标识牌	根据配电箱大小定制	竖立、张贴	施工场所
12	门式起重机警示牌	尺寸为2000×1500	竖立、悬挂	门式起重机施工处
13	安全警示牌	尺寸为2400×1000	竖立、悬挂	栈桥、拌和厂、隧道台车等重要场所的醒目位置
14	安全通道警示牌	根据通道大小确定尺寸	竖立、悬挂	高墩通道、基坑通道
15	沉淀池危险请勿靠近	尺寸为400×300、蓝底白字	悬挂或粘贴	拌和厂、预制厂、桥梁施工沉淀池
16	张拉危险请勿靠近	尺寸为400×300、蓝底白字	悬挂或粘贴	预制厂、现浇梁、桥面等预应力张拉处
17	基坑危险请勿靠近	尺寸为400×300、蓝底白字	悬挂或粘贴	涵洞、桥梁基坑靠便道侧防护栏
18	必须系安全绳	尺寸为400×300、蓝底白字	悬挂或粘贴	高处作业、临边作业、悬空作业等场所

1.1.5 道路施工安全标志

道路施工安全标志见表1-2。

道路施工安全标志 表1-2

名称	图形		设置范围
施工区标志牌	前方施工 1km / 道路施工 / 道路封闭 300m / 右道封闭 1km / 右道封闭 / 左道封闭 300m / 中间封闭 1km / 中间封闭 / 箭头标志 / 向左改道	前方施工 300m / 道路封闭 1km / 道路封闭 / 右道封闭 300m / 左道封闭 1km / 左道封闭 / 中间封闭 300m / 慢 车辆慢行 / 箭头标志 / 向右改道	用以阻挡车辆及行人前进或指示改道，设在道路施工、养护、落石、塌方而阻断路段的两端或周围

1.1.6 施工安全标志示例

施工安全标志示例如图1-15～图1-30所示。

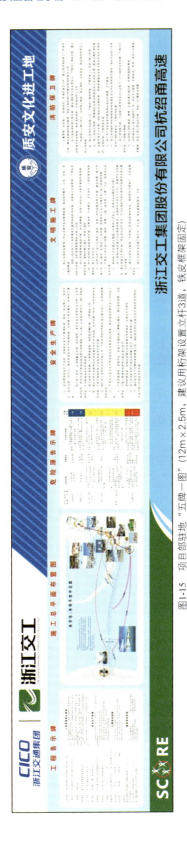

图1-15 项目部驻地"五牌一图"（12m×2.5m，建议用桁架设置立杆3道，铁皮框架固定）

图1-16 钢筋加工厂（8m×2.5m，建议利用厂区围墙，铁皮框架固定）

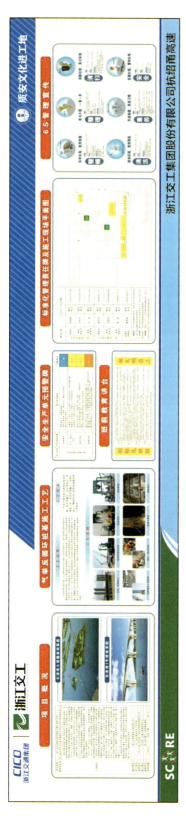

图1-17 气举反循环钻机施工标牌(12m×2.5m,桁架焊接框架,铁皮框架固定)

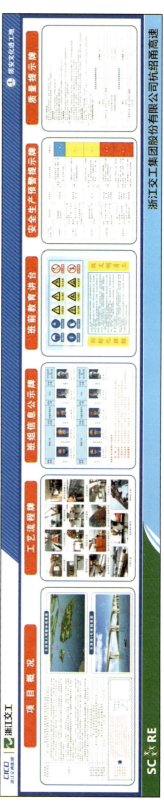

图1-18 节段梁施工标牌(12m×2.5m,桁架焊接框架,铁皮框架固定)

图 1-19　拌和厂蓄水池警示牌(2.4m×1m,铁皮框架固定)

图 1-20　栈桥施工警示牌(3m×1m,铁皮框架固定在栈桥护栏上)

图 1-21　安全通道标牌(2m×1m,铁皮框架固定在护栏上)

图 1-22　脚手架验收安全标牌(2.5m×1m,铁皮框架固定在护栏上)

1 施工安全标准化管理

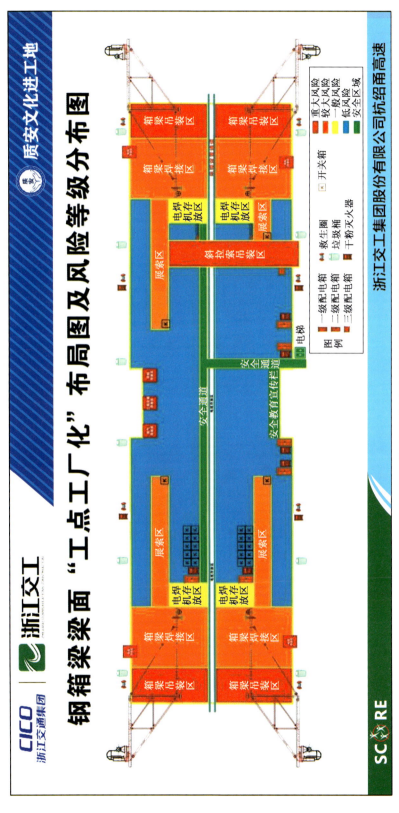

图1-23 工点工厂化布局及风险等级分布

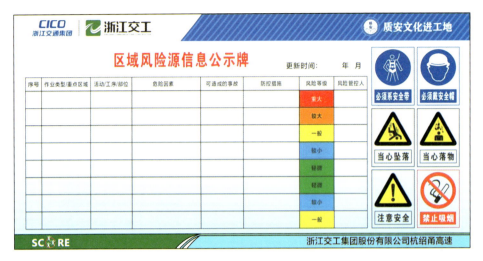

图 1-24　风险源信息公示牌

图 1-25　岗位风险提示牌实景图

图 1-26　工人岗位风险提示卡

1 施工安全标准化管理

图 1-27　管理人员管理要点提示卡

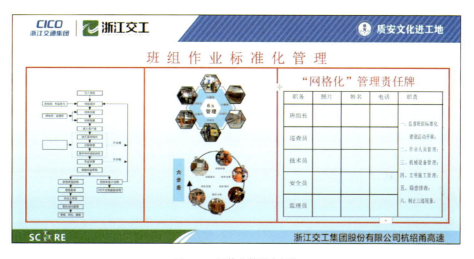

图 1-28　网格化管理责任牌

图 1-29　通道验收牌　　　　　　　　　　图 1-30　管线保护信息卡

1.2 人员防护

1.2.1 基本要求

工地用人单位应为员工、作业人员配备必要的劳动防护用品,并督促作业人员在作业时正确使用。用人单位应建立健全劳动防护用品的采购、验收、保管、发放、使用、更换、报废等管理制度,劳动防护用品应符合国家和行业现行标准的规定。本书未列入的劳动防护用品,参照国家和行业现行有关标准的规定执行,项目所在地行业主管部门或建设单位有相关规定的,从其规定。

头部防护:安全帽。
面部防护:头戴式电焊面罩、防高温面罩。
眼睛防护:防尘眼镜、防飞溅眼镜。
呼吸道防护:防尘口罩、防毒口罩、防毒面具。
听力防护:防噪声耳塞、护耳罩。
手部防护:绝缘手套、耐高温手套、防割手套等。
脚部防护:绝缘靴、防砸皮鞋、防滑鞋。
身躯防护:反光背心、工作服、雨衣、电焊服、救生衣。
高空安全防护:高空防坠器、电工安全带、安全绳。

1.2.2 安全帽

安全帽进场应组织验收,验收依据现行《头部防护 安全帽》(GB 2811)执行。

检查永久标识和产品说明是否符合规定,包括永久标识、制造厂名、生产日期、产品名称、产品的特殊技术性能等。

按照规定对批量采购的安全帽提供检验报告。

安全帽按照佩戴人员不同分为四类:来访人员为白色安全帽,项目管理人员为红色安全帽,施工人员为黄色安全帽,特种作业人员为蓝色安全帽,如图1-31所示。

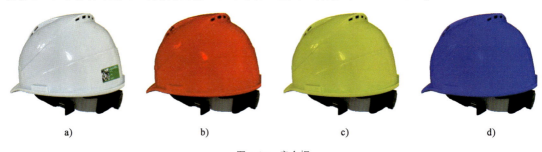

a)   b)   c)   d)

图1-31 安全帽

安全帽正面为企业 LOGO 及简称,侧面为安全帽编号,后面为人员信息二维码。进入施工现场的人员必须规范佩戴安全帽。

1.2.3　安全带

安全带进场验收应符合现行《坠落防护　安全带》(GB 6095)的要求,并有产品合格证及检验报告。

施工现场安全带分为速差式安全带和背带式双大钩安全带,如图 1-32、图 1-33 所示。

图 1-32　速差式安全带

图 1-33　背带式双大钩安全带

每日作业前对安全带进行检查,不应有打结、私自接长等情况,达到报废标准时应及时报废。

作业人员高处、临边作业应正确佩戴安全带,使用应遵从"高挂低用"的原则,保证双大钩至少有一根挂靠在安全绳或其他牢固物件上,如图 1-34 所示。

安全带应存放在干燥、通风的仓库内,不准接触高温、明火、强酸、强碱和尖利的硬物,也不要暴晒。

1.2.4　其他防护用品

根据现行《施工企业安全生产管理规范》(GB 50656)的要求,不同工种应配备不同的劳动防护用品。

胶面防砸保护靴的质量必须符合现行《胶面防砸保护靴》(HG/T 3081)的要求,并有产品合格证及检验报告。

低压绝缘胶鞋、绝缘皮鞋的质量必须符合现行《足部防护　安全鞋》(GB 21148)的要求,

图 1-34　安全带佩戴

并有产品合格证及检验报告。

冬季施工配备具有防滑功能的劳保鞋,高处作业人员穿戴防滑软底鞋,安装工穿戴同时具备防刺、防砸功能的劳保鞋,电工、电焊工等可能接触电气设备的人员应穿戴同时具备防刺、电绝缘的劳保鞋。

劳保鞋应放在干燥通风的位置,避免酸碱及高温环境。

电焊工在作业过程中应配备棉质劳保手套、电焊服、护目镜以及防护口罩等防护用品。电工在作业过程中应佩戴胶质绝缘手套。油漆及防火涂料作业人员应配备过滤口罩。安全员劳保穿戴如图 1-35 所示,电焊工劳保穿戴如图 1-36 所示,其他防护用品见表 1-3。

图 1-35　安全员劳保穿戴示意图

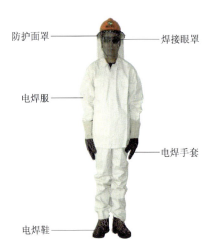

图 1-36　电焊工劳保穿戴示意图

1 施工安全标准化管理

其他防护用品　　　　　　　　　　表1-3

穿戴示意	防护用品名称	防护用品实物
	安全帽	
	防尘口罩	
	救生衣	
	橡胶手套	
	防穿刺鞋	
	软性防护镜	
	班组长袖章	
	安全带	
	普通手套	
	防滑鞋	

1.3 防护设施

1.3.1 道路施工围挡

施工区域人流、车流量较大且施工时间大于1个月的,应设置连续、封闭固定围挡设施。围挡自地面至围挡顶端(不含柱头和灯具)高度统一为2.5m,每隔6m设置一根立柱;围挡挡板宜采用金属材质。

围挡上部视情况设置照明灯、防尘喷淋设施。

围挡外侧挂设塑料草皮,张贴公益广告或建设单位统一要求的企业宣传标语。

围挡下部基础采用折边钢板或预制混凝土,并添加夜间警示反光措施;围挡底部每6m设置排水孔,围挡设置不能影响现有道路的排水系统。

为保证行车视距和安全要求,道路路口转角处应设通透式围挡、转弯凸面镜,围挡立柱下部设置警示爆闪灯。通透式围挡转角双向各3m,内部要保证视野通畅。道路施工围挡如图1-37所示。

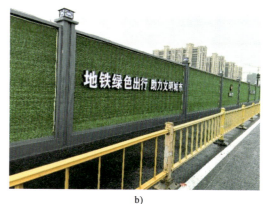

a)　　　　　　　　　　　　b)

图1-37　道路施工围挡

1.3.2 临边、洞口防护

1)钢管扣件式防护

防护采用三道栏杆形式,第一道栏杆高120cm,第二道栏杆高70cm,第三道栏杆高20cm,立杆间距不大于150cm,下设18cm高挡脚板。

基坑临边时,立杆与基坑边坡的距离不应小于50cm,外侧应设置排水沟,采取有组织地排水,基坑周边砌筑挡水墙。

防护栏杆及挡脚板应刷红白警示漆。防护栏杆立杆底端应固定牢固。防护栏杆内侧需悬挂安全警示标识。钢管扣件式防护如图1-38所示。

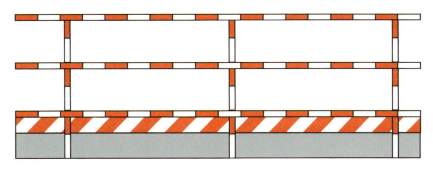

图1-38 钢管扣件式防护示意图

2）网片式防护

基坑边、桥梁边等防护栏杆采用网片式防护时，立柱采用钢管，上下两端各焊接钢板，两道连接板采用螺栓固定。防护栏外框采用钢管底部加设钢板作为挡脚板，中间采用钢板网。立柱和挡脚板表面刷红白或黄黑相间警示油漆，钢板网刷红色油漆，并张挂安全警示标牌。网片式防护如图1-39～图1-44所示。

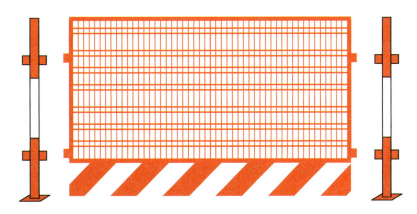

图1-39 网片式防护示意图

a)

b)

图1-40 网片式护栏实物

图 1-41　基坑网片式防护实景图

图 1-42　基坑网片式防护效果图

图 1-43　桥梁临边网片式防护实景图

图 1-44　道路临边网片式防护实景图

3）格栅式防护

基坑边等防护栏杆采用格栅式防护时，防护栏杆采用钢管制作，栏杆高 1.2m，每片长 2m。刷红白警示漆，并在中间位置设置 18cm 高的警示标牌。底部设 18cm 高的挡脚板。格栅式防护如图 1-45～图 1-47 所示。

图 1-45　格栅式防护示意图

图 1-46　栈桥格栅式防护实景图

图 1-47　桩基孔口格栅式防护实景图

4）楼梯防护

楼梯临边防护宜采用定型化、工具式杆件,杆件的规格及连接固定方式应符合规范要求。楼梯防护立柱间距不应大于200cm。底部应设置高度不低于18cm的挡脚板。栏杆及挡脚板宜刷红白相间油漆。楼梯防护如图1-48、图1-49所示。

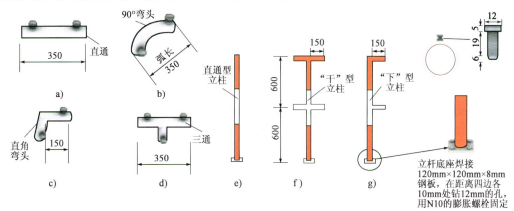

图1-48　定型化楼梯防护详图（尺寸单位：mm）

图1-49　定型化楼梯防护效果图

5）水平洞口防护

桩(井)开挖深度超过2m时,应设临边防护。

临边防护可采用钢管扣件式、网片式、格栅式或组装式,且要符合相应要求。高度不应低于1.2m,距离桩(井)边距离不应小于1.0m。

桩(井)口设置盖板进行覆盖,盖板外框宜采用角钢,中间采用钢筋焊接,钢筋间距不应大于11cm,盖板尺寸大于桩(井)口30cm。水平洞口防护如图1-50~图1-52所示。

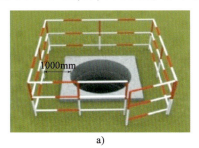
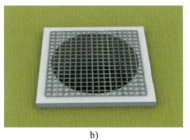

图1-50　桩(井)开挖阶段洞口防护

图1-51 桩基孔口防护

图1-52 桥面孔口防护

6）后浇带安全防护

后浇带用木板封闭隔离。两侧设挡水坎，粉刷平直。刷红白或黄黑相间警示漆。后浇带安全防护如图1-53所示。

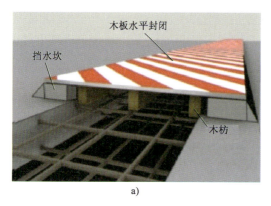
a)

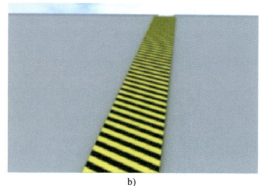
b)

图1-53 后浇带安全防护效果图

7）竖向洞口防护

（1）施工升降机平台出口

施工升降机平台出口安装高180cm的对开式防护门。防护门可采用方管和钢板网焊接而成，外框采用角钢，门与门框采用合页连接。门框的下沿设置扁钢同角钢焊接，高度不应超过楼层平台，门扇下口距升降机平台应小于10cm。

门扇外框采用方钢管制作，门框两侧焊接钢管，与外架横杆采用管箍连接。

门扇锁扣设在防护门靠电梯笼一侧。

升降机接料平台设置防护栏杆（高120cm），在高度范围内满铺密目网，下部设置挡脚板。

防护栏杆均刷红白相间警戒色。升降机接料平台如图1-54、图1-55所示。

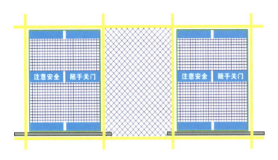
图1-54 升降机接料平台示意图

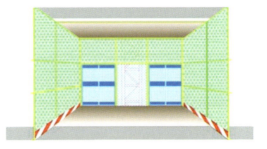
图1-55 升降机接料平台效果图

（2）电梯井口

防护门可选用网片式或格栅式。

防护栏高度不低于1500mm，宽度根据电梯井口尺寸选定。

防护门底端距地面高度不应大于50mm，在防护门底部安装180mm高的挡脚板。

防护门外侧张挂"当心坠落"等安全警示牌。电梯井口防护如图1-56、图1-57所示。

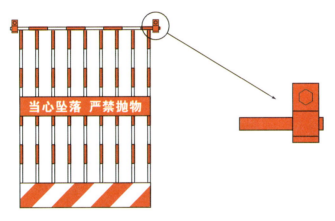
图1-56 电梯井口防护示意图

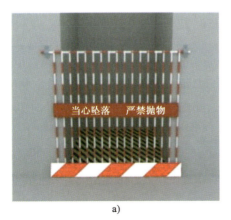
a)

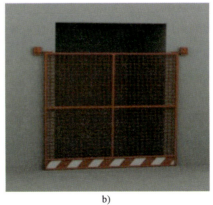
b)

图1-57 电梯井口防护

1.3.3 机具防护

(1)焊机防护如图1-58、图1-59所示。

a)

b)

图1-58 电焊机防雨棚

a)

b)

图1-59 二氧化碳保护焊手推车

(2)氧气、乙炔瓶防护如图1-60、图1-61所示。

a)

b)

图1-60 氧气、乙炔瓶防护推车

1 施工安全标准化管理

a)

b)

图 1-61　氧气、乙炔瓶专用吊篮

(3)其他防护如图 1-62、图 1-63 所示。

图 1-62　卷扬机防护罩

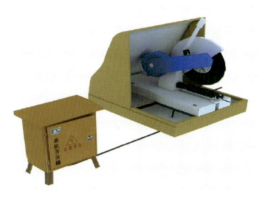

图 1-63　切割机防护罩

1.3.4　特种(专用)设备

禁止使用国家、行业或地方明文淘汰的施工机械设备。机械主管人员应对所有进场的机械设备进行验收,并实行动态管理。进场机械清单报监理单位总监办备案。

针对设备选型、设备进退场程序、设备安拆方案编审及落实、设备及人员证件办理、设备信息公示、设备日常使用及维修保养六个方面,实现设备选型符合率 100%、设备证书符合率 100%、设备操作工持证率 100%、设备安拆方案编审率 100%、设备信息公示牌标准化率 100%、重大设备安全隐患控制率 100%、设备安全监控预警系统安装率 100%、设备进退场和日常使用维修保养资料完整率 100%。

特种(专用)设备管理流程如图 1-64 所示。

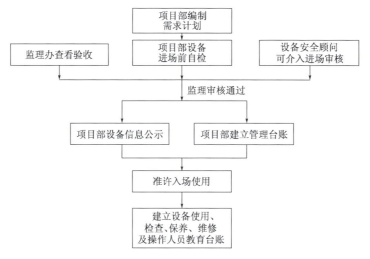

图 1-64　特种（专用）设备管理流程图

1.3.5　车辆管理

车辆（图 1-65）进场前各项目部应按照当地行业主管部门及指挥部要求，对驾驶员、车辆证件（驾驶证、行驶证、强制险，轮式起重机除上述证件外，还应提供检测合格证）、车辆运转情况等进行检查，检查合格后，项目部制作并发放通行证、车顶灯、设备标识牌、二维码等，不合格车辆不予进场。

图 1-65　车辆展示

各项目部建立车辆台账（一车一档），检查小组每月定期进行一次检查（证件有效性、车辆运转等），形成检查记录，提出整改意见，督促整改落实并进行复查，复查合格后方可重新进入施工现场。

各项目部对退场车辆实施注销制，取回通行证，做好登记。

1.3.6　小型机具

机具应由了解其性能并熟悉操作知识的人员操作。

机具各转动部位应润滑良好并设置保护罩。

使用电动工具必须绝缘可靠，有良好的接地或接零措施。

各种机具不能在运行中检修。

机具应由专人负责保管，定期维护保养。

严禁使用变形、破损、故障等不合格机具。

不得站在移动式梯子或其他不稳定的地方使用电动或气动工具,使用时必须有专人监护。

小型机具如图1-66、图1-67所示。

图1-66 切割机

图1-67 小型空压机

1.4 安全通道

1.4.1 基本要求

安全通道主要涉及栈桥、隧道、结构物、临时厂站和施工影响区域道路五类。

按照通道标准化要求,项目部在分部分项工程施工前设置各种满足作业需要的安全通道,推广使用定型化、装配式通道,提高工作效率、降低作业风险。

通道设置完成后由监理办组织验收,待验收通过、挂设验收合格牌后方可正式投入使用,日常使用过程中要注意检查维护。

1.4.2 栈桥

栈桥出入口应设置智能门禁系统、门卫值班室、信息公告屏和视频监控系统。

门禁系统(图1-68)具有人员、车辆智能识别功能。作业人员通过安全教育和岗前安全教育考试合格后,将信息录入智慧安监系统。进出的施工人员均须规范穿戴劳动防护用品后进行人脸识别方可通过;施工车辆凭通行证方可通过,非施工车辆及人员不得进入。

门卫值班室派专人24h值守,内部储备劳动防护用品和应急物资;设扩音喊话系统,对未按规定穿戴劳动防护用品的参建人员及外来无关人员、车辆进行劝阻。

信息公告屏显示进入人员的姓名、部门,并可实时动态显示场内人员的类别、人数等信息,以及天气、工作注意事项等。

栈桥设人行通道(图1-69),宽度在1m左右为宜,并使用油漆等措施与车行通道明确区分。

a)

b)

图1-68　门禁系统

a)

b)

图1-69　人行通道

在醒目位置布设"五牌一图",安全文明标语,限速、限载、限宽标志牌,减速带等。

1.4.3　隧道

1)明挖隧道

①明挖隧道(图1-70)开挖过程中应采取人车分流。

②车行通道侧面应根据现场实际情况进行放坡,并在车道边设置警示防护用品。

③人行通道(图1-71)宜采用定型化钢通道,通道与基坑搭接应牢固;通道内应设置防滑、防碰撞等警示防护措施。

④冠梁通道(图1-72)应使用定型化、装配式防护栏杆。

2)暗挖隧道

(1)人车分离通道(图1-73)

①隧道洞口应设专人指挥管理车辆,并设置限载、限高、限重标志。

②隧道内交通应实行人车分流,人行通道设置在通风管侧,采用钢管立柱上拉警示带进行隔离,人行通道宽度为1.2m,也可采用钢护栏进行隔离。

③洞口、成洞地段设置15km/h限速牌;在未成洞地段、工作台架处、大型设备停放处设置5km/h限速牌;在二次衬砌、仰拱、路面等施工地段前方30m处设置"前方施工、减速慢行"标牌。

④停放在车辆运行界限处的施工设备与机械,应在外边缘设置警示灯,组成显示界限。

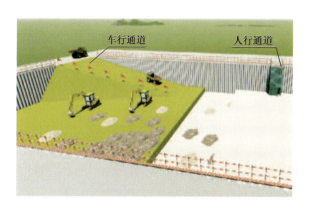

图1-70　明挖隧道

a)　　　　　　　　　　　　　　　b)

图1-71　人行通道

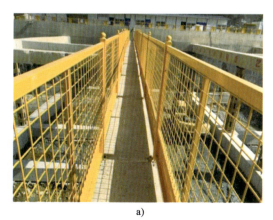

a)　　　　　　　　　　　　　　　b)

图1-72　冠梁通道

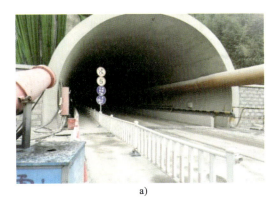

a)   b)

图 1-73　人车分离通道

(2) 逃生通道

① 逃生通道(图 1-74)设在初次支护边墙处,从二次衬砌端头面内 5m 布置到距开挖掌子面 20m 以内,并随着掌子面的掘进向前延伸。

② 逃生管道采用直径 800mm 钢管,壁厚 10mm,每节 5m,并配 1m、2m、3m 调整节,管节间连接采用法兰盘、承插、套管的方式。

③ 在掌子面逃生通道旁放置应急食物箱和救护箱(图 1-74)。应急食物箱内应配置 3 天可供 10 人的食物和饮用水。救护箱内备纱布、消毒水、常用外伤用药。

a)   b)

图 1-74　逃生管道、救护箱、应急食物箱

1.4.4　结构物

1) 纵向通道

① 各类梯道出入口均应视情况设置"当心滑跌""安全通道""仅限作业人员攀登"等标志牌,视情况设置扶手。

② 高度不大于 5m 的高处作业可采用带护笼的直爬梯或"一"字形斜道,搭接处及踏板应牢固可靠,视情况设置扶手。

③ 高度大于 5m 的高处作业宜采用"之"字形斜道,坡度宜保持在 30°~45°,每 3m 高度设一个转向平台,斜道应满铺脚手板,侧立面设剪刀撑,斜道两侧应设置防护栏杆和踢脚板。

④高度达到10m及以上的高处作业应设置装配式爬梯,梯道宽度不得小于0.9m,节段不得高于2.5m,侧部设置铁质栅网,踏板应具有防滑性,爬梯应设梯间转角平台,上下端部及各层要连接牢固;高度超过15m应设置防风锚固设施,投入使用前应进行验收。

⑤超过40m高度的施工应设置附着式电梯,电梯入口应设置安装验收牌、使用告示牌、限载标识牌、安全责任牌、安全操作规程告示牌等,安全防护门要安装插销开关或门禁装置。

⑥无支架立柱施工可采用登高车上下,使用登高车要确保地基平整压实,保障车体稳定,登高作业时等高作业人员不得超过两人,夜间施工必须配备足够的照明设施、发光警示标志。

⑦承台围堰施工人员上下应设置专用通道,强度应满足两人同时攀爬的要求,宽度不小于80cm,并配备应急软梯和安全绳,严禁用人工拉绳运送作业人员和脚踩护臂凸缘上下,孔内应有足够的照明、通风、排气设施。

各类纵向通道如图1-75～图1-83所示。

a) b)

图1-75 承台施工通道

a) b)

图1-76 测量塔及龙门起重机"之"字形爬梯

图 1-77 装配式爬梯

图 1-78 桁车检修通道

图 1-79 路基施工边坡通道

图 1-80 围堰施工安全通道

图 1-81 泥浆箱上下安全通道

图 1-82 立柱模板拼装通道

图 1-83 T梁浇捣上下通道

2) 横向通道

①通道搭板一般采用钢板,两端搭接长度不小于20cm;通道两侧应设置防护栏杆,根据需要挂设密目式安全网。

②通道长度不大于3m时,可设置厚度不小于7.5cm的方木搭设的木质跳板,木板应绑扎牢固,不得出现翘头板,跳板强度应满足使用要求,并设置防护栏杆。

③修饰架及张拉平台尽量使用专业厂家制作的定型化产品,并由厂家安装和拆卸。

④对通道上的孔洞及电线应采取防护措施,对存在垂直交叉作业有落物伤人危险的通道应加设具有一定防护强度的顶棚。

⑤主塔、高墩爬模施工等危险性较大的分部分项工程,防护栏杆应加高设置,并采用栅栏加强防护;必要时可采用栅栏对临边实行全封闭,并注意加强转角衔接处的孔洞防护。严禁脚踩护臂凸缘上下,孔内应有足够的照明、通风、排气设施。

各类横向通道如图1-84~图1-87所示。

a)

b)

图 1-84

c)　　　　　　　　　　　　　　　d)

图 1-84　桥面跨幅施工安全通道

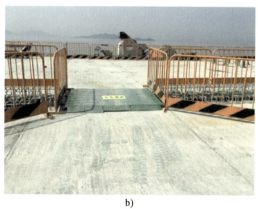

a)　　　　　　　　　　　　　　　b)

图 1-85　桥面中分带横向通道

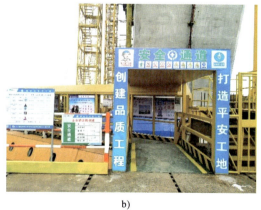

a)　　　　　　　　　　　　　　　b)

图 1-86　索塔作业平台下方安全通道

a)   b)

图1-87 定型化节段梁修饰架、张拉作业平台

1.5 消防管理

1.5.1 基本要求

施工现场、生活区、楼层、仓库、材料堆场、模板加工场、电焊场地等区域应配备相应类型的消防器材,消防器材应定期年检,使其保持在有效期内。

消防器材应放置在易拿易放且比较显眼的地方。一般临时设施区,每100m²应至少配备两具灭火级别不低于3A的灭火器;现场临建设施,应备有专供消防用的太平桶、消防铲、消防斧、蓄水池、砂池等消防器材。

每组灭火器之间的距离不应大于50m,每组灭火器不应少于2个。施工现场消防安全布置要满足现行《建设工程施工现场消防安全技术规范》(GB 50720)的要求。灭火器平面布置如图1-88所示,微型消防室如图1-89所示。

图1-88 灭火器平面布置图   图1-89 微型消防室

1.5.2 临时油库消防管理

牢固树立"安全第一"的指导思想,坚持"预防为主,不安全不操作"的方针,认真学习安全消防知识,严格执行安全操作规程。

配齐消防设备和消防设施,定期检查、保养、校验,保持其良好的使用性能。消防器材、设备等要定点存放,严禁随意改变存放位置或挪作他用。

油库消防设备必须做到人人会使用、会操作。

油库内电气设备及电缆禁止破皮漏电,禁止明接头。

油库内严禁明烟明火,严禁任何人携带危险品和易燃品进入库区,禁止闲杂人员进入库区。

油罐车卸油时不能加油,雷雨天气不能加油。

车辆加油时排气管必须带防火帽,关闭引擎并接地,否则不加油。每天下班关好阀门,切断电源,锁好加油机。

发现事故隐患和不安全因素必须立即采取措施予以排除,并及时向有关部门和领导汇报。油库警示防护如图 1-90 所示。

a)

b)

图 1-90 油库警示防护实景图

1.5.3 危化品消防管理

危化品入库验收时,要检查包装是否完整、密封,如发现有泄漏时,应立即换装符合要求的包装。

危化品搬运时应轻拿轻放,避免碰撞、翻倒和损坏包装,严禁重抛、撞击。

危化品储存时应设专区或专柜存放;在施工现场应有专用库房存放,库房应保持通风良好,不同品种的危化品应分类放置和标识。

无关人员不得进入危化品储存场地,储存场地严禁吸烟和使用明火,并按要求配备一定数量的灭火器,在显要位置(如大门上)张贴防火和危化品的标识。

危化品在使用时,应由专人领用、管理和调配。调配应在指定的地方进行,使用前应清理场地,远离火源,无关人员应撤离现场。

油漆及涂料应指定专人按使用调配,应尽量避免浪费和泄漏,无用的油漆和涂料渣应作为有毒有害固体废弃物单独存放,定期交指定部门处理。

氧气、乙炔、丙烷等气瓶存放时要保持安全距离,不得混放,且远离火源,防止日光暴晒,最好直立存放在木格或铁格内,室内气温不宜超过38℃。瓶口螺钉禁止上油,不能与油脂和可燃物接触。氧气、丙烷库房如图1-91、图1-92所示。

图1-91 氧气库房

图1-92 丙烷库房

1.6 临时用电

1.6.1 基本要求

施工现场临时用电设备在5台及以上或设备总容量在50kW及以上者,应编制用电组织设计,并进行审核、审批,监理审查。

施工现场临时用电必须采取TN-S系统,符合"三级配电两级保护",达到"一机一闸一漏一箱"的要求。"三级配电"是指总配电箱、分配电箱、开关箱三级控制,实行分级配电;"两级保护"是指在总配电箱和开关箱中必须分别装设漏电保护器,实行至少两级保护。

施工现场临时用电必须建立安全技术档案,临时用电应定期检查,应履行复查验收手续,并保存相关记录。

电工必须持证上岗,安装、巡查、维修或拆除临时用电设备和线路,必须由电工完成。

各工点设置工点工厂化布局及风险等级分布图(包括配电箱布置),或视情况单独设置配电布置图,如图1-93所示。

1.6.2 接地与接零保护系统

施工现场专用的电源中性点直接接地的低压配电系统应采用TN-S接零保护系统。施工现场配电系统不得同时采用接地与接零两种保护系统。

图 1-93 配电布置

保护零线应由工作接地线、配电室、总配电箱电源侧零线或总漏电保护器电源侧零线处引出,电气设备的金属外壳必须与保护零线连接。

保护零线应单独敷设,线路上严禁装设开关或熔断器,严禁通过工作电流且严禁断线。

保护零线应采用绝缘导线,规格和颜色标记应符合规范要求。

保护零线应在总配电箱处、配电系统的中间处和末端处做重复接地。在施工中,通常在总配电箱处、各分路分配电箱处、各分路最远端用电设备开关箱处,以及塔式起重机、施工升降机、物料提升机、混凝土搅拌站等大型施工机械设备开关箱处做重复接地。

接地装置的接地线应采用 2 根及以上导体,在不同点与接地体做电气连接。接地体应采用角钢、扁钢、镀锌钢管或光面圆钢。

工作接地电阻不得大于 4Ω,重复接地电阻不得大于 10Ω。

当施工现场塔式起重机、施工升降机、物料提升机、脚手架在相邻建筑物、构筑物等设施防雷装置接闪器的保护范围以外时,应按规范要求采取防雷措施,防雷装置的冲击接地电阻不得大于 30Ω。

做防雷接地机械上的电气设备,保护零线必须同时做重复接地。

各保护系统如图 1-94 ~ 图 1-97 所示。

1.6.3 外电防护

在建工程存在外电线路时,应先与有关部门协商,采取停电、迁移外电线路或改变工程位置等措施。若上述措施无法解决时,必须采取防护措施。

在建工程不得在外电架空线路正下方施工、搭设作业棚、建造生活设施或堆放构件、架具、材料及其他杂物等。

外电线路与在建工程及脚手架、起重机械、场内机动车道的安全距离(表 1-4 ~ 表 1-6)应符合规范要求。当安全距离达不到规范要求时,必须采取绝缘隔离防护措施。防护设施与外电线路的安全距离应符合表 1-7 的要求,并应坚固、稳定。

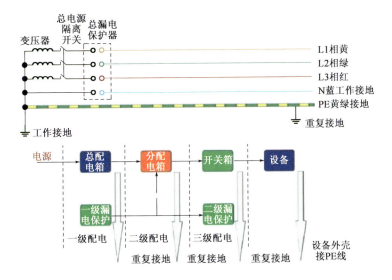

图 1-94　专用变压器供电时 TN-S 接零保护系统示意图（一）

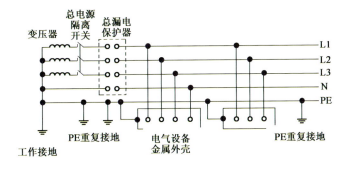

图 1-95　专用变压器供电时 TN-S 接零保护系统示意图（二）

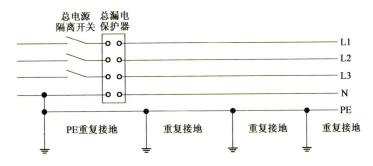

图 1-96　三相四线供电时局部 TN-S 接零保护系统保护零线引出示意图

一般在施工现场采取搭设防护架的方式进行防护，其材料应使用木质等绝缘性材料。防护架距外电线路一般不小于 1m，必须停电搭设（拆除时也要停电）。防护架距作业面较近时，应用硬质绝缘材料封严，防止脚手架、钢筋等穿越触电。

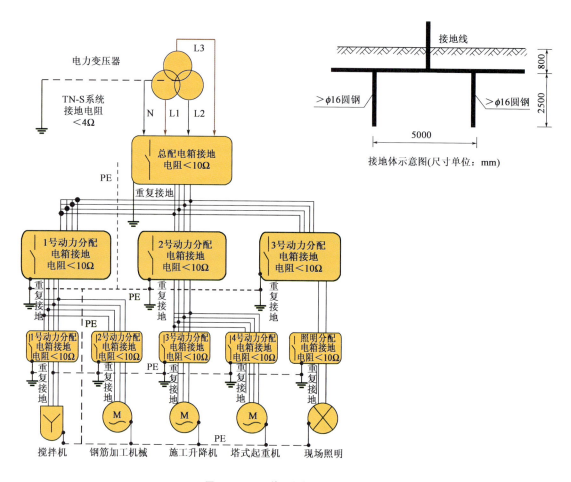

图 1-97 TN-S 接零保护系统示意图

当架空线路在塔式起重机等起重机械的作业半径范围内时,其线路上方也应有防护措施,并考虑风荷载、雪荷载。为警示起重机作业,可在防护架上端间断设置小彩旗,夜间施工应有彩灯(或红色灯泡),其电源电压应为 36V。

在建工程(含脚手架)的周边与架空线路的边线之间最小安全操作距离 表 1-4

外电线路电压等级(kV)	<1	1～10	35～110	220	330～500
最小安全操作距离(m)	4.0	6.0	8.0	10	15

起重机与架空线路边线的最小安全距离 表 1-5

外电线路电压等级(kV)	<1	10	35	110	220	330	500
沿垂直方向安全距离(m)	1.5	3.0	4.0	5.0	6.0	7.0	8.5
沿水平方向安全距离(m)	1.5	2.0	3.5	4.0	6.0	7.0	8.5

施工现场的机动车道与架空线路交叉时的最小垂直距离 表 1-6

外电线路电压等级(kV)	<1	1～10	35
最小垂直距离(m)	6.0	7.0	7.0

防护设施与外电线路之间的最小安全距离　　　　　　　　表1-7

外电线路电压等级(kV)	≤10	35	110	220	330	500
最小安全距离(m)	1.7	2.0	2.5	4.0	5.0	6.0

1.6.4　配电线路

在"三集中"等大型临建场地,电缆应统一采用暗道布设;其他电缆线路应视情况首先用埋地、架空敷设,其次用过路电缆槽保护,栈桥电缆优先用电缆槽保护,临时使用时可在栈桥临边挂设。

架空敷设时,应拉设钢索,固定间隔一定距离用绝缘线将电缆附着在钢索上。架空线路的档距不得大于35m,架空线路的线距不得小于0.3m,靠近电杆的两导线的间距不得小于0.5m;架空线最大弧垂与地面的最小垂直距离为4m。

埋地电缆路径应设方位标志;电缆直接埋地敷设的深度应大于0.7m,并应在电缆周围均匀敷设不小于50mm厚的细砂,然后覆盖砖或混凝土板保护。埋地电缆穿越建筑物、道路时易受到机械损伤,因此,引出地面从2.0m高到地下0.2m处,必须加设防护套管,防护套管内径不应小于电缆外径的1.5倍。电缆敷设、防护如图1-98～图1-103所示。

图1-98　电缆沿电杆敷设

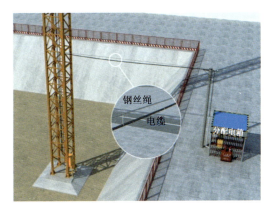

图1-99　电缆沿钢索敷设

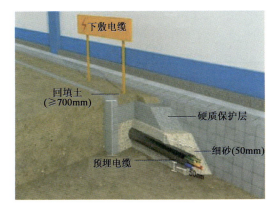

图1-100　电缆埋地敷设

图1-101　电缆过路保护

图1-102　栈桥电缆临时挂设

图1-103　电缆临时支设

1.6.5　配电室与自备电源

配电室（图1-104）应靠近电源，并设置在灰尘少、潮气少、无腐蚀介质及道路畅通的地方；配电室应能自然通风，并采取防止雨雪侵入和动物进入的措施。

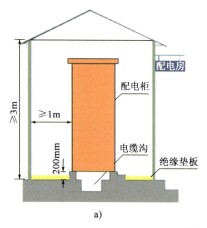
a)

b)

图1-104　配电室示意图

配电室的建筑物和构筑物的耐火等级不低于3级，室内配置砂箱和可用于扑灭电气火灾的灭火器；配电室照明分别设置正常照明和事故照明。

配电室、配电装置的布设应符合规范要求，配电柜侧面的维护通道宽度不小于1m；配电室顶棚与地面的距离不低于3m。

发电机组及其控制、配电、维修室等可分开设置，在保证电气安全距离和满足防火要求的情况下可合并设置。

发电机组的排烟管道必须伸出室外。发电机组及其控制、配电室内必须配置可用于扑灭电气火灾的灭火器，严禁存放储油桶等易燃易爆物品。

发电机组电源必须与外电线路电源连锁，严禁并列运行。

配电柜或配电线路停电维修时，应挂接地线，并应悬挂"禁止合闸、有人工作"停电标志牌。停送电必须由专人负责。

1.6.6 总配电箱

总配电箱(图1-105)采用冷轧钢板制作,箱体钢板厚度为1.5~2.0mm,箱体表面应做防腐处理。

a)   b)

图1-105 总配电箱

总配电箱电器安装板必须分设N线端子板和PE线端子板。N线端子板必须与金属电器安装板绝缘;PE线端子板必须与金属电器安装板做电气连接。

总配电箱应设置总隔离开关、分路隔离开关和分路漏电保护器;隔离开关应设置于电源进线端,采用分断时具有可见分断点,并能同时断开电源所有极的隔离电器;如果采用分断时具有可见分断点的断路器,可不另设隔离开关。

总配电箱中漏电保护器的额定漏电动作电流应大于30mA,额定漏电动作时间应大于0.1s,但其额定漏电动作电流与额定漏电动作时间的乘积不应大于30mA·s。

1.6.7 分配电箱

分配电箱(图1-106)应设在用电设备或负荷相对集中的区域,与开关箱的距离不得超过30m。

分配电箱采用冷轧钢板或阻燃绝缘材料制作,钢板厚度不得小于1.5mm,箱体表面应做防腐处理。

固定式分配电箱中心点与地面的垂直距离应为1.4~1.6m,分配电箱支架应采用角钢焊制。

分配电箱应装设总隔离开关、分路隔离开关,以及总断路器、分路断路器或总熔断器、分路熔断器。电源进线端严禁采用插头和插座做活动连接。

a) b)

图 1-106 分配电箱

1.6.8 开关箱

图 1-107 移动式开关箱

开关箱应采用冷轧钢板式阻燃绝缘材料制作,钢板厚度不得小于 1.2mm,箱体表面应做防腐处理。移动式开关箱(图 1-107)应装设在坚固、稳定的支架上,其中心点与地面的垂直距离应为 0.8~1.6m,开关箱支架应采用∠40mm×40mm×4mm 角钢焊制。

开关箱必须装设隔离开关、断路器或熔断器,以及漏电保护器。隔离开关应采用分断时具有可见分段点,能同时断开电源所有极的隔离电器,并应设置于电源进线端。

开关箱漏电保护器的额定漏电动作电流不应大于 30mA,额定漏电动作时间不应大于 0.1s。

使用于潮湿或有腐蚀介质场所的漏电保护器,其额定漏电动作电流不应大于 15mA,额定漏电动作时间不应大于 0.1s。

开关箱采用外置式电源按钮及定制插头,向内采用透明电器元件。

固定式开关箱(图 1-108)用于单台固定设备的开关,宜固定在设备附近,开关箱箱体中心距地面垂直高度为 1.4~1.6m,开关箱与其控制的固定用电设备的水平距离不宜超过 3m。连接固定设备的电缆宜埋地,且从地下 0.2m 至地面以上 1.5m 处必须加设防护套管,防护套管内径不应小于电缆外径的 1.5 倍。

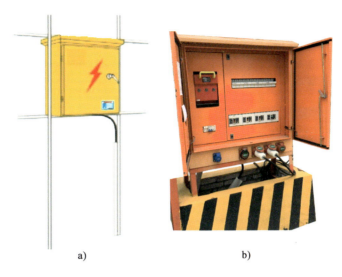

图 1-108　固定式开关箱

1.6.9　电焊机

电焊机变压器的一次侧电源线长度不应大于 5m，其电源进线处必须设置防护罩。

电焊机二次侧电缆应采用防水橡皮护套铜芯软电缆，电缆长度不应大于 30m。

电焊机二次侧应安装触电保护器（空载降压保护装置）。

电焊机外壳应做保护接零。

使用电焊机焊接时必须穿戴防护用品，严禁露天冒雨从事焊接作业。

电焊机设置如图 1-109 所示。

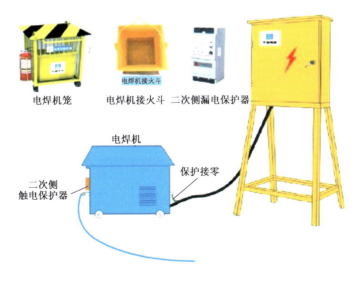

图 1-109　电焊机设置

1.6.10 配电箱防护

配电箱防护棚(图1-110)可采用方钢管制作,稳固安置在混凝土面上并应接地。

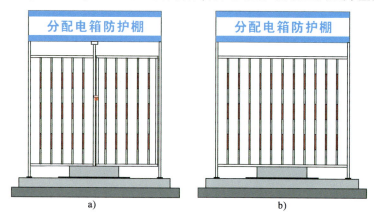

图1-110 配电箱防护棚

顶部采用双层硬防护,底层为彩钢板,上层为50mm厚木板,并设不小于5%坡度的排水坡,防水防砸。

双层硬防护间的防护棚外立面挂安全警示语。

配电箱栏杆及基础刷红白相间警示色。

配电箱前后两侧电工操作区域地面应设置绝缘垫板,防护棚内应分别设置正常照明和应急照明。

配电箱防护棚外侧应配备可用于扑灭电气火灾的灭火器。

配电箱防护棚围栏正面应悬挂操作规程牌、警示牌、责任牌、风险告知牌。

1.6.11 智慧用电系统

智慧用电系统安装在二级配电箱(图1-111),在二级配电箱通往三级配电箱的电缆上,利用检测环实时检测每个三级配电箱的用电电流、剩余电流、温度等。

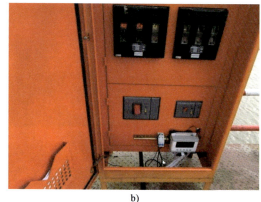

图1-111 智慧用电系统安装

智慧用电系统实施多端监控,实时监测各用电线路的运转情况,并将检测数据通过互联网发送到监控服务中心(图1-112),服务中心进行分析发送至手机App客户端(图1-113)。

图1-112　智慧用电监控服务中心示意图　　　图1-113　手机App客户端监控示意图

2 工点防护标准化

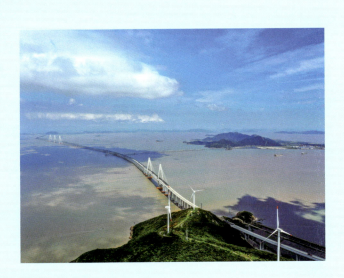

高速公路建设安全管理手册

2.1 桩基施工"工点"

2.1.1 陆域钻孔灌注桩施工

1）基本要求

桩基施工现场按照施工工序划分为吊装作业区、桩基作业区、泥沙分离区、钻渣堆放区、沉淀箱和储浆箱存放区、临时材料堆放区和钢筋笼堆放区。

桩基成孔后或施工暂停时，应设置水平防护，四周采用防护栏杆进行隔离，防护栏杆必须设置牢固，并张挂安全警示标语；桩基成孔检测时，孔口上应铺设跳板，并固定牢靠。

2）标准化总体布局

陆域桩基施工标准化布局如图2-1所示。

图2-1 陆域桩基施工标准化布局图

3）标准化区域展示

陆域桩基泥浆池（图2-2）应采用防护网片进行防护，并设置警示牌。

陆域桩基作业时，孔口须设置防护网片进行围护（图2-3），并设置警示牌。

冲击钻装设防护棚（图2-4），防止雨水溅入发动机等设备。

桩基成孔时，桩头应采用硬隔离进行防护（图2-5）。

图 2-2　陆域桩基泥浆池防护

图 2-3　孔口保护

图 2-4　冲击钻防护棚

图 2-5　成桩保护

2.1.2　水域钻孔灌注桩施工

1）基本要求

水域桩基施工前，必须了解水域的气象和水域的情况，并做好相关临水防护。水域桩基作业基本在栈桥上完成，根据作业需求可将施工区域划分为吊装作业区、桩基作业区、泥浆箱存放区和临时材料堆放区等。

2）标准化总体布局

水域桩基施工标准化布局如图2-6所示。

图 2-6　水域桩基施工标准化布局图

3）标准化区域展示

水域灌注桩作业时，孔口应采用防护栏杆进行防护（图2-7），并设置警示标志，禁止无关人员进入。

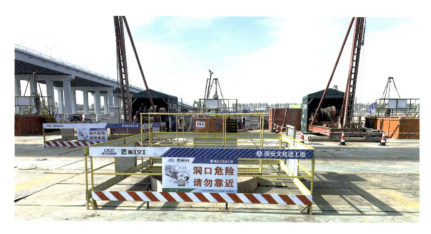

图2-7　水域桩基作业防护

桩基成孔后，孔口应采用盖板等硬隔离进行防护（图2-8、图2-9），禁止人员靠近。

图2-8　水域灌注桩成孔防护

图2-9　材料设备堆放区

2.2　承台墩身施工"工点"

2.2.1　基本要求

承台墩身施工分为陆域和水域两种情况，工点现场设备和设施主要包括临时配电设施、起重机、汽车泵、安全防护设施等。

设备的选型需充分考虑施工的特点，以确保其适用性；施工前需要对进场的设备和设施进行验收，确保其性能满足安全生产的要求。

2.2.2 标准化总体布局

承台墩身施工标准化如图2-10、图2-11所示。

图2-10 承台墩身施工标准化布局图

图2-11 承台墩身施工标准化布局实景图

2.2.3 标准化区域展示

陆域承台墩身施工过程中,现场材料应分区、分类堆放(图2-12),并码放整齐,可采用护栏等硬质材料进行分隔。材料堆放区内应设置材料标识标语,并预留安全通道,便于作业人员通行、取放。

水域承台墩身施工过程中,现场材料应分类、分区堆放(图2-13),可采用油漆划线、设置护栏及锥帽等方式进行定位。

图2-12 陆域承台材料分区堆放

图2-13 水域承台小型机具分区摆放

陆域承台开挖后四周应设置1.2m高的防护网片,并悬挂安全警示标志牌(图2-14);承台周边1.5m范围不得堆土,土堆应用绿网覆盖。水域承台四周须设置1.2m高的临边防护,护栏四周应设置救生圈,并悬挂安全警示标志牌(图2-15)。

图2-14　陆域基坑临边防护　　　　　　图2-15　水域承台临边防护

陆域承台、水域承台施工过程中,应设置人员上下安全通道(图2-16、图2-17),通道须经监理工程师验收合格并悬挂通道验收牌后,方可投入使用。

图2-16　陆域基坑上下通道　　　　　　图2-17　水域承台上下通道

墩身施工时,应按规范设置装配式安全梯笼(包括基础、缆风、附墙等)(图2-18、图2-19),梯笼须经监理工程师验收合格并悬挂通道验收牌后,方可投入使用。

图2-18　陆域梯笼设置　　　　　　　　图2-19　水域梯笼设置

墩身施工模板平台需在每层四周设置临边防护和踢脚板(图2-20、图2-21),防护四周设置安全警示标牌,并在现场物品堆放区设置有效隔离(图2-22)及标识标牌(图2-23、图2-24),在吊装区域设置吊装警戒区及警示牌(图2-25)。

图2-20　陆域墩身临边防护

图2-21　水域墩身临边防护

图2-22　设置物品堆放隔离区

图2-23　设置标识牌(一)

图2-24　设置标识牌(二)

图2-25　吊装警示牌

墩身钢筋安装前,需提前设置4道缆风绳及2个防坠器(图2-26);墩身钢筋吊装时(图2-27),需提前设置安全警示区,并安排专人旁站指挥(图2-28)。

图 2-26 墩身钢筋笼紧固及防坠器　　　图 2-27 吊装墩身钢筋笼

墩身模板安拆时,工人需配备安全带(图 2-29)。安装时要自下而上进行,拆除时要自上而下进行。此外,安装时要逐个拧紧螺栓并进行复查后,方可进行下一步施工。

图 2-28 吊装指挥　　　图 2-29 施工作业配备安全带

每节模板安装完毕,必须先搭设安全平台(图 2-30)及安装临边防护栏杆后,方可进行下一节模板安装。搭设安全平台时,必须安装全部螺栓并拧紧,并定期组织检修,防止脱焊变形等现象(图 2-31)。

图 2-30 墩身安全平台　　　图 2-31 搭设墩身安全平台

梯笼安装、拆除时，要先用起重机吊住梯笼整体（图2-32）。安装时必须自下而上逐层进行，确保螺栓拧紧，防护网片安装到位，搭设完成后，在梯笼与墩身平台顶节之间设置安全连接通道，并设置至少4道缆风绳用于梯笼固定。梯笼拆除时，需自上而下进行。

 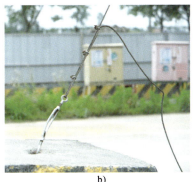

a) b)

图2-32 安装梯笼及缆风绳

梯笼底座（图2-33）需用C20以上混凝土浇筑，其厚度不得小于15cm；梯笼与底座之间需用膨胀螺栓连接。

图2-33 梯笼底部

安全梯笼使用前，必须经过项目部安全科及监理办验收（图2-34、图2-35）；梯笼需设置密码锁，人员上下必须随手关门，防止非施工人员进入；梯笼缆风绳严禁随意拆除。

图2-34 梯笼验收　　　　　　　　图2-35 墩身警示牌

墩身施工时,平台上同时作业人员不得多于 7 人,可采用全包式作业平台(图 2-36)进行作业;墩身作业完成后,需及时清理施工现场(图 2-37)。

图 2-36　全包式作业平台

图 2-37　清理施工现场

2.3　盖梁施工"工点"

2.3.1　现浇盖梁

1) 基本要求

现浇盖梁施工现场(图 2-38)按照标准化布置,分为盖梁作业区、吊装区、模板存放区、安全设施存放区等,并将盖梁施工平台上的螺母、波纹管、扎丝等物品存放进行划区布置,做到物品放置整齐有序。

图 2-38　现浇盖梁施工现场

2）标准化总体布局

盖梁施工标准化布局如图2-39、图2-40所示。

图2-39 盖梁施工标准化布局图

3）标准化区域展示

标准化区域展示如图2-41~图2-43所示。

图2-40 盖梁施工标准化布局实景图

图2-41 施工便道人车分流

图2-42 物品划区分类摆放

图2-43 人员上下专用安全通道

根据标准化布局图布置施工现场,物品摆放有序,吊装作业区域应设置警戒区、警示牌、安全梯笼、上下盖梁安全通道、缆风措施等(图2-44、图2-45),并悬挂安全警示标牌。

图2-44　吊装警戒区

图2-45　装配式安全通道及平台

在盖梁上进行作业前,必须规范设置安全母绳(图2-46),施工人员系好安全带;盖梁平台搭设时,四周应提前设置临边护栏,并在平台空隙处挂设安全网(图2-47)。

图2-46　安全母绳

图2-47　盖梁平台防护

盖梁作业平台电缆采取绝缘措施挂设(图2-48),电缆与金属临边护栏交接处采用绝缘套管保护(图2-49)。

图2-48　电缆绝缘挂设

图2-49　电缆绝缘套

根据标准化布局图,划分盖梁施工功能区,设置区域标识牌,物品有序摆放(图2-50、图2-51)。

图2-50 盖梁施工材料堆放区(一)

图2-51 盖梁施工材料堆放区(二)

盖梁安全梯笼应及时上锁(图2-52),入口处需对人员进行安全风险提示(图2-53)。

图2-52 梯笼电子密码锁

图2-53 梯笼太阳能自动感应安全警示广播

2.3.2 盖梁预应力张拉

1)基本要求

预应力张拉施工时,应在盖梁端头设置张拉作业平台和凿毛作业平台,并按照规定设置专用挡板。施工区域按照标准化布局图,划分为张拉作业区、凿毛作业区、工具存放区等。

2)标准化总体布局

盖梁张拉施工标准化布局如图2-54、图2-55所示。

3)标准化区域展示

根据标准化布局图,设置物品存放箱(图2-56)、水杯架(图2-57),设置区域标识牌,确保物品有序摆放。

盖梁张拉施工时,应设置专业的凿毛及张拉作业平台(图2-58~图2-60),经监理工程师现场验收合格后挂牌使用。

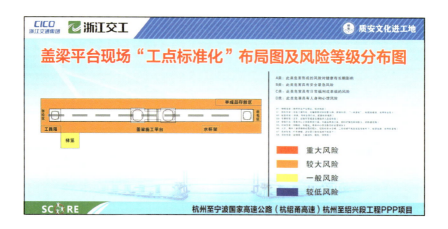

图 2-54　盖梁张拉施工标准化布局图

图 2-55　现浇盖梁张拉施工标准化布局实景图

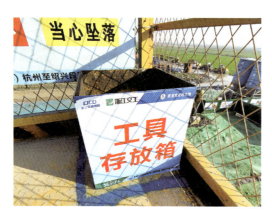 

　　图 2-56　工具存放箱　　　　　　　　　图 2-57　水杯架

图 2-58　凿毛作业平台

图 2-59　张拉作业平台

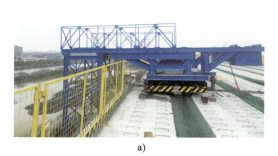
a)

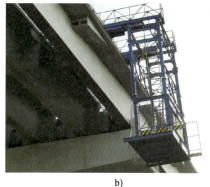
b)

图 2-60　盖梁二次张拉作业平台车

2.4　挂篮施工"工点"

2.4.1　基本要求

应选用满足施工要求的挂篮设备，设备进场经检验合格后方可投入使用。

挂篮应安装安全监测系统，合理设置通道及防护措施，并设置安全警示标志标牌。

挂篮跨路施工时，必须设置安全防护棚，防护棚应满足安全防护要求，并设置相关安全警示标志，在施工时安排交通协管员进行交通协管。

2.4.2　标准化总体布局

挂篮施工标准化布局如图 2-61、图 2-62 所示。

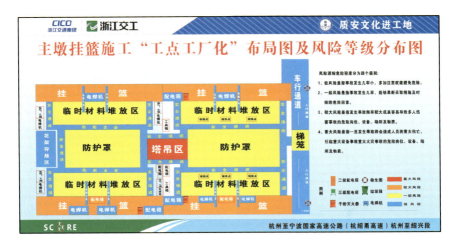

图 2-61　挂篮施工标准化布局图

图 2-62　挂篮施工标准化布局实景图

2.4.3　标准化区域展示

挂篮施工作业平台应采用护栏网片进行防护（图 2-63～图 2-65），并设置踢脚板，挂设防坠网，防止材料等坠落。

图 2-63　地面到梁面梯笼通道

图 2-64　梁面到挂篮侧面安全通道　　　　　图 2-65　梁面到挂篮安全通道

挂篮施工平台需装配护栏网片(图 2-66),并设置踢脚板和防坠网,使用定制化作业平台(图 2-67)和安全通道,经监理工程师验收合格后方可挂牌使用。

图 2-66　前端网片式临边防护　　　　　图 2-67　定制标准化作业平台

挂篮跨线施工时,下方应设置安全防护棚,通行路段应设置警示标志(图 2-68),现场需安排交通协管员疏导交通(图 2-69)。

图 2-68　防护棚警示标语　　　　　图 2-69　设置交通协管员

挂篮顶部应采用色彩标识或栏杆等措施划分人行通道(图 2-70)及施工区域,塔吊标准节与梁面漏空处应采用硬质隔离防护(图2-71~图2-73)。

图2-70 人行专用通道

图2-71 梁面漏空处硬质隔离防护

图2-72 配电箱存放区

图2-73 电焊机存放处

挂篮应安装安全监测系统(图2-74),对横梁角度、下沉量、拉力、俯仰角度等参数实时监测,实现24h预警预控。

图2-74 挂篮安全监测系统

2.5 满堂支架施工"工点"

2.5.1 基本要求

满堂支架现浇前,应先进行地基硬化处理,并定期进行监控测量。

支架搭设完成后,应设置安全警示标牌。

满堂支架底模铺设完成后,需在支架临边设置临时防护栏杆。

支架应设置安全通道,供作业人员上下通行。

结构物施工前,应提前做好临边防护工作。施工作业现场需根据标准化布局图设置区域标识牌,确保物品有序摆放。

2.5.2 标准化总体布局

满堂支架施工标准化布局如图 2-75 所示。

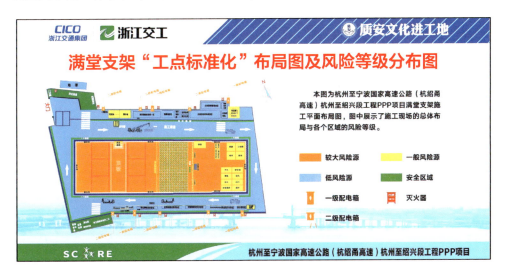

图 2-75　满堂支架施工标准化布局图

2.5.3 标准化区域展示

标准化区域展示如图 2-76 ~ 图 2-78 所示。

跨线施工时,应装设门洞式支架防护设施(图 2-79),设置交通警示标志。

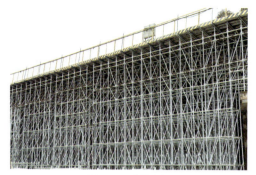

图 2-76　满堂支架

图 2-77　支架验收公示

图 2-78　满堂支架临边防护

图 2-79　门洞支架防护

2.6　预制梁板施工"工点"

2.6.1　预制梁板安装

采用车况良好、各种证件齐全、起重能力及吊具完好的汽车起重机在地面平整、地基稳定的路面进行起吊架梁（图2-80）。

汽车起重机吊梁期间划分吊装安全警示区域，严禁非施工作业人员进入区域（图2-81）。

图 2-80　汽车起重机架梁工点

图 2-81　吊装安全警示区域

梁板吊装时,设置专人配备对讲机及时进行指挥(图2-82)。

盖梁上方设置安全母绳(图2-83),人员在架梁作业时临时挂设安全带。

图2-82 梁板架设指挥　　　　　　　　图2-83 盖梁安全母绳

对影响通车路段的梁板进行吊装前,提前采取封道等交通组织措施(图2-84)。

图2-84 临时封道

2.6.2 架桥机架梁

架桥机架梁(图2-85)前根据现场实际进行架桥机选型,根据施工方案进行拼装检查验收,办理使用登记证。

梁板运输时,梁板绑扎牢固,运输转角处进行交通管制,运梁车前后增设预警车辆(图2-86)。

图2-85 架桥机梁板架设工点　　　　　　图2-86 交通组织

架桥机遥控器存放于存放箱中并设置指纹锁,确保专人专用(图2-87)。

大风期间架桥机与梁板支架进行连接固定(图2-88)。

图2-87　遥控器存放箱

图2-88　架桥机与梁板连接固定

大风期间架桥机横移轨道夹轨器需夹紧(图2-89)。

图2-89　架桥机锚固

2.6.3　桥面吊机架梁

钢箱梁吊装(图2-90)一般采用桥面吊机进行安装,施工区域可分为材料堆放区、吊装区、焊接区等。

钢箱梁吊装前,在厂内桥面上设置临边防护围栏并悬挂安全警示标志(图2-91)。

图2-90　桥面吊机钢箱梁架设工点

图2-91　钢箱梁临边防护

桥面孔洞设置防护措施并悬挂安全警示标志(图2-92)。

钢箱梁桥面设置安全通道(图2-93)。

图2-92　孔洞防护

图2-93　安全通道

使用桥面吊机对钢箱梁进行吊装时要在吊机上张贴安全标语(图2-94)。

桥面电缆线在电缆线收纳区进行布设(图2-95)。

图2-94　桥面吊机上张贴安全标语

图2-95　电缆线收纳区

桥面材料进行分类堆放并设置防护措施(图2-96)。

电焊作业工具集中存放(图2-97)。

图2-96　桥面材料堆放区

图2-97　电焊作业工具集中存放

2.7 桥面系施工"工点"

2.7.1 防撞护栏施工

1）基本要求

桥面系施工区域主要分为小型机具存放区、半成品区、原材料堆放区、模板堆放区、设备存放区和临时用电区。

2）标准化总体布局

桥面护栏施工标准化布局如图 2-98 所示。

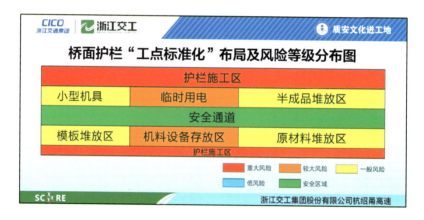

图 2-98　桥面护栏施工标准化布局图

3）标准化区域展示

桥面护栏施工时，应合理设置安全母绳（图 2-99、图 2-100）。

图 2-99　安全母绳设置　　　　　　图 2-100　安全带系挂

桥面系施工宜采用装配式护栏施工作业台车,台车需设置人员上下安全通道以及临边防护(图2-101~图2-115)。台车投入使用前必须通过验收并悬挂验收合格牌。

图2-101　钢筋定位架

图2-102　内侧模板安装胎架

图2-103　护栏浇筑平台

图2-104　外侧模板安装平台

图2-105　护栏模板安装台车

图2-106　护栏浇筑平台

图2-107　二次张拉台车

图2-108　护栏作业挂篮

图 2-109　防撞护栏养护　　　　　　图 2-110　中护栏多功能施工台车

图 2-111　边梁张拉平台　　　　　　图 2-112　负弯矩张拉平台

图 2-113　焊接挡风棚车　　　　　　图 2-114　护栏移动式操作平台

图 2-115　外护栏施工台车

2.7.2　湿接缝施工

1）基本要求

高空作业时,需配备装配化作业平台。

焊接钢筋施工时,桥下需设置防护设施。

湿接缝应做好孔口防护并及时清理桥面杂物,防止坠物事故发生。桥梁断点处、桥梁端头需做好封闭处理。

2）标准化总体布局

湿接缝施工标准化布局如图 2-116 所示。

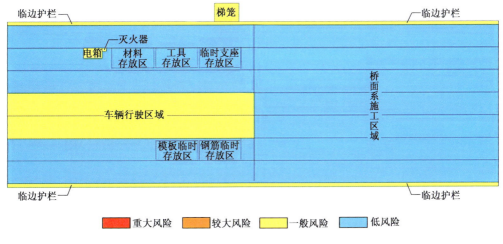

图 2-116　湿接缝施工标准化布局图

3）标准化区域展示

湿接缝施工材料应分类、分区堆放（图2-117），并设置相应的材料名称标识牌。湿接缝在浇筑之前，应采用硬质材料进行防护（图2-118）。

图 2-117　材料堆放分区管理　　　　　图 2-118　硬质材料防护

湿接缝钢筋焊接时，作业人员必须持焊工作业证上岗，并配齐个人防护用品（图2-119）。作业时，工人必须佩戴安全带，安全带需系挂在梁板预埋的门字筋上。

横隔板焊接时，需设置可折叠安全挂篮平台（图2-120），便于作业人员使用，挂篮应采用钢丝绳与梁板预埋钢筋进行固定。

图 2-119　湿接缝焊接防护　　　　　图 2-120　横隔板安全挂篮平台

桥面设置左右幅安全通道（图2-121），安全通道设置时应根据桥面的宽度进行设计，投入使用前必须通过监理工程师验收并悬挂验收合格牌。

a)

图 2-121

图 2-121 桥梁左右幅安全通道

2.8 隧道施工"工点"

2.8.1 基本要求

施工现场按照功能区域划分为材料堆放区、配套设备区、管线布设区、办公休息区等。
材料堆放区根据地形设置在合理位置,尽量减少二次转运。
配套设备区应合理布置在隧道洞口附近,便于配合发挥施工机械效率。
管线布设区应沿隧道侧墙进行布设,做好管线标识和警示。
办公休息区和隧道洞口需保持一定的安全距离。

2.8.2 标准化总体布局

隧道施工标准化布局如图 2-122、图 2-123 所示。

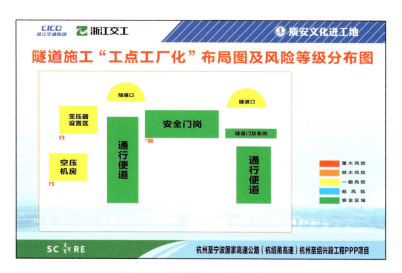

图 2-122　隧道施工标准化布局图

图 2-123　隧道施工标准化布局实景图

2.8.3　标准化区域展示

隧道洞口应设置门禁系统(图 2-124),做好人员进出动态管理。
门口需设置隧道人员显示屏(图 2-125),动态显示隧道内人员数量。

图 2-124　隧道洞口门禁系统

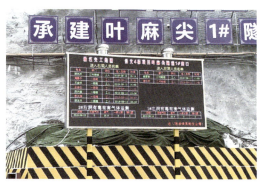

图 2-125　隧道人员显示屏

施工场地需根据标准化布局图,合理规划人车分离(图2-126),并利用标线、护栏等将人行通道和车行通道有效隔离。

现场需设置隧道应急物资仓库(图2-127),并提前储备足量的应急物资。

图2-126 人车通道分离

图2-127 隧道应急物资仓库

现场可设置安全休息亭(图2-128),供一线员工休息。

现场应设置隧道监控室,做好隧道内超前地质勘探和隧道24h监测(图2-129)。

图2-128 隧道休息亭

图2-129 隧道监测

洞内应设置符合规范要求的应急逃生管道(图2-130);隧道内管线应沿隧道侧面布设(图2-131)。

图2-130 逃生通道

图2-131 管道上墙

隧道内电线需按三相五线制布设(图2-132);需单独设置隧道内照明线路。

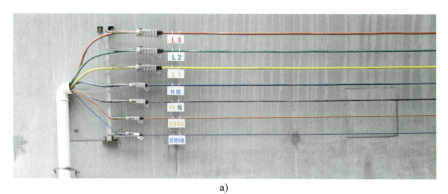

a)

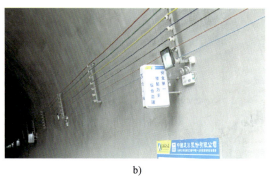

b)

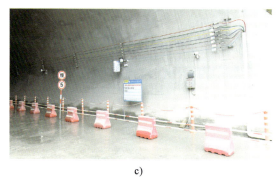

c)

图2-132　隧道内安全用电线路

定点设置雾炮机和排风管道(图2-133),减少洞内扬尘。

图2-133　雾炮机

隧道内应规范使用隧道九台套(图2-134~图2-136)。

图 2-134　二次衬砌台车

图 2-135　自行移动栈桥

图 2-136　防水台车

2.9　明挖隧道基坑施工"工点"

2.9.1　基本要求

基坑周边应设置挡水墙,墙高应满足所在地段挡水要求,并做好安全警示。基坑四周必须安装防护栏杆,并满足规范要求;基坑内应设置供施工人员上下的专用及应急通道。

2.9.2　标准化总体布局

明挖隧道基坑施工标准化布局如图 2-137、图 2-138 所示。

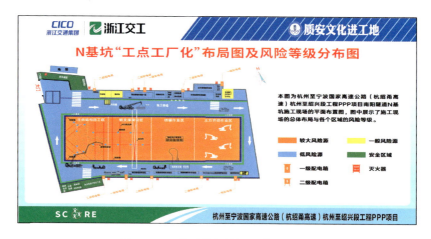

图 2-137　明挖隧道基坑施工标准化布局图

图 2-138　明挖隧道基坑施工标准化布局实景图

2.9.3　标准化区域展示

基坑四周设置安全防护设施(图 2-139)，并挂设安全警示标志。

图 2-139　基坑临边防护

冠梁上可设置安全通道(图2-140),经监理工程师验收并挂设验收合格牌后,方可投入使用;冠梁上可设置安全母绳支架(图2-141),便于作业人员悬挂安全带。

图2-140　基坑冠梁通道　　　　　　　　图2-141　安全母绳支架

基坑外侧设置人行专用安全通道(图2-142),降水井电缆线沿冠梁布设(图2-143)。

图2-142　基坑外侧安全通道　　　　　　图2-143　基坑降水电缆线布设

基坑开挖应遵循"开槽支撑、先撑后挖、分层开挖、严禁超挖"的原则,采用放坡开挖(图2-144);开挖后需定期开展基坑监测(图2-145),关注基坑是否存在变形。

图2-144　基坑开挖支护　　　　　　　　图2-145　基坑监测

超过 24h 未施工的裸土区域应使用绿网进行覆盖（图 2-146）。

图 2-146　裸土绿网覆盖

2.10　边坡施工"工点"

2.10.1　基本要求

边坡开挖应采取自上而下、分层、分段依次进行的方式。开挖作业时，上台阶与下台阶开挖进深应满足规范要求。

边坡台阶开挖时，应做成一定坡势以利泄水。

2.10.2　标准化总体布局

边坡施工标准化布局如图 2-147 所示。

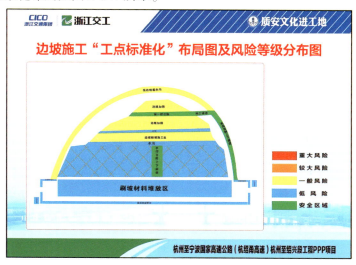

图 2-147　边坡施工标准化布局图

2.10.3 标准化区域展示

标准化区域展示如图 2-148~图 2-150 所示。

图 2-148　边坡台阶开挖

图 2-149　边坡修整

图 2-150　边坡上下通道

2.11 路面施工"工点"

2.11.1 基层施工

1）基本要求

严格控制水泥剂量：必须严格控制水泥用量，做到经济合理、精益求精，以确保工程质量。混合料的含水率控制：根据施工配合比设计的最佳含水率指标，结合当天的气温、湿度、运距情况确定混合料拌和时的用水量。混合料运输过程中应避免车辆发生颠簸，以减少混合料的离析；当气温较高、运距较远时要加盖苫布，以防止水分过分损失。上午、中午、下午分别测定各种集料的含水率，根据测定结果调整拌和时的用水量。

拌和站建设应综合考虑施工生产情况,合理布局和划分拌和区、过磅区、车辆停放区、试验区、集料堆放区及生活区,内设污水沉淀池和排水系统。

拌和站建设应遵循"安全第一、因地制宜、永临结合、经济适用、绿色环保"的原则。拌和站标牌设置明确,各种安全标识、原材料标识等应确保清晰,实现安全文明施工。

2)标准化总体布局

混凝土拌和站标准化布局如图 2-151 所示。

图 2-151　混凝土拌和站标准化布局实景图

3)标准化区域展示

水稳立模,模板应加固支撑(图 2-152),防止压路机碾压将模板压偏。

两台以上压路机同时作业(图 2-153),坡道上不得纵队行驶。

图 2-152　水稳立模模板加固

图 2-153　压路机同时作业

2.11.2　沥青面层施工

1)基本要求

面层是直接承受车轮荷载反复作用和各种自然因素影响,并将荷载传递到基层以下的结构层,因此,它应满足表面功能性和结构性的使用要求。面层可为单层、双层或三层。双层结构称为表面层、下面层;若采用三层结构,则称之为表面层、中面层、下面层。

拌和站建设遵循"安全第一、因地制宜、永临结合、经济适用、绿色环保"的原则,合理布局和划分功能区。

2)标准化总体布局

沥青面层施工标准化布局如图2-154、图2-155所示。

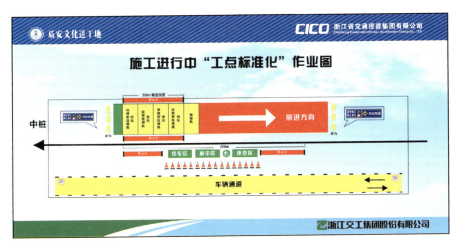

图2-154　沥青面层施工标准化布局图

图2-155　沥青面层施工标准化布局实景图

3)标准化区域展示

沥青拌和设备(图2-156)导热油加热炉安装应由具备安装资质的单位施工,并经地方特种机械设备验收部门检测验收,油罐、加热炉、导热油管道等高温区域应采用1.5m高的白色栅栏进行隔离。

摊铺机(图2-157)加装LED显示屏(图2-158)、蜂鸣报警器(图2-159),设置倒车雷达和影像系统(图2-160),以便观察后方作业机械和人员施工状态。

应在摊铺机上加装警示灯,提高夜间移动的安全性。

图2-156　沥青拌和设备

图2-157　全幅摊铺机

图2-158　摊铺机加装LED显示屏

图2-159　蜂鸣报警器

图2-160　设置倒车雷达和影像系统

施工车辆须在车头正面张贴施工单位名称(图2-161),无单位信息的施工车辆不允许进入生产、施工场地;运输车辆应当按有关规定加装卫星定位系统、倒车预警、倒车雷达、倒车影像等安全装置。

图 2-161 施工车辆车头标识及防撞系统

压路机需要设置红外自动制动装置或防撞装置、限速装置(图 2-162),安装倒车雷达、倒车影像及蜂鸣报警器等装置(图 2-163)。

图 2-162 压路机防撞装置

图 2-163 压路机车内倒车影像

施工单位应建立合理可行的工程运输车辆、非道路移动机械安全生产管理制度。

施工单位应当严格执行关于工程运输车辆和非道路移动机械安全准入规定,场外运输必须由有运输资质的单位承担,在工程运输车辆进场前必须对车辆安全准入条件进行核查,严禁无牌无证、无保险、车辆检验不合格、非法改装的车辆和无证驾驶人员从事场内外运输作业。

施工材料运输车辆应采取有效的封闭措施,防止材料沿途洒漏(图 2-164)。

机械设备停放位置应平整(图 2-165),周围应当设置明显的警示标志,夜间应设警示灯;运输车辆严禁停放在主线上。

图 2-164　运输车辆封闭措施

图 2-165　机械设备规范停放

机械设备车身应张贴反光警示条（图 2-166），增强机械设备夜间可视度，提高夜间施工作业的安全性。

图 2-166　车身张贴反光警示条

2.12 两区三厂施工"工点"

2.12.1 临时建筑

1) 地脚预埋控制点

地脚螺栓预埋作业（图 2-167）应符合现行《钢结构工程施工质量验收标准》（GB 50205）的规定。

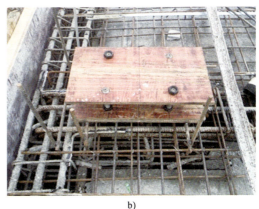

a)　　　　　　　　　　　　　　　b)

图 2-167　地脚螺栓预埋

用尺量检查螺栓露出长度、螺纹长度是否符合质量验收标准要求。找出建筑物轴线，用尺量检查地脚螺栓中心位移是否符合质量验收标准要求。用水平仪检查地脚螺栓的高程是否符合设计要求。用目测和尺量的方法，检查地脚螺栓外露部分是否有弯曲变形以及螺牙损坏情况，如有应进行修正。

地脚螺栓预埋完成后，应采用胶布缠裹螺纹，避免螺纹受到损坏（图 2-168）。

2) 构件吊装流程

构件的吊装可分为竖向构件吊装（包括柱、联系梁、柱间支撑、行车梁、托架、副桁架等）和平面构件吊装（包括屋架、屋盖支撑、檩条、屋面压型板、制动架等）两大类。

吊装时应从支撑跨开始，并及时安装柱间支撑、屋面梁间支撑、檩条及隅撑，待形成稳定钢框架后才能向前吊装。

平面构件吊装的顺序主要以形成空间结构稳定体系为原则，具体如图 2-169 所示。

3) 钢立柱安装

为增强立柱安装安全性，在吊装和安装过程中应使用牵引绳用于增加立柱的稳固性；钢丝绳采取对拉锚固，以防止立柱倾覆（图 2-170）。

图 2-168　地脚螺栓成品保护

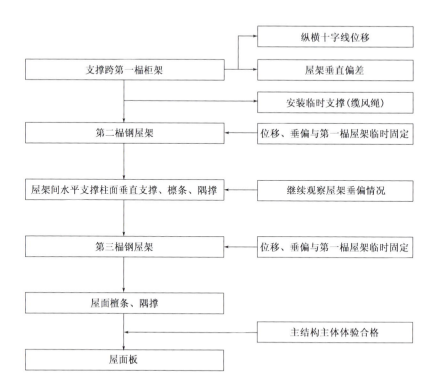

图 2-169　平面构件吊装流程图

钢立柱安装完成后,使用登高车对钢丝绳、牵引绳、临时固定绳进行拆除(图2-171)。

图2-170 牵引绳和钢丝绳设置

图2-171 钢丝绳、牵引绳、临时固定绳拆除

4)屋面安全母绳设置

在梁体上方每隔3m设置一道安全母绳使用杆(支架)(图2-172)。

图2-172 安全母绳使用杆(支架)设置

采用直径不小于8mm的钢丝绳作为安全母绳(图2-173)。

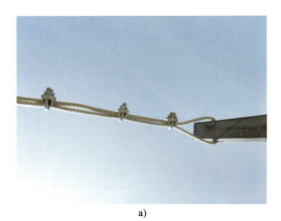

a)

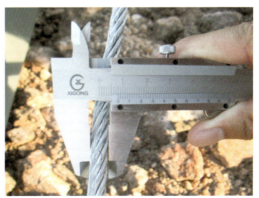

b)

图2-173 安全母绳

5)屋面梁安装

屋面梁吊装时,采用两根牵引绳进行位置调整(图2-174),就位后由高处作业人员使用登高车到达作业面,将屋面斜梁与已安装结构物进行连接(图2-175)。

图 2-174 屋面梁吊装

图 2-175 屋面梁固定

6)承重梁(行车梁)安装

使用登高车进行承重梁固定安装(图2-176),并设置牵引绳防止吊装过程中出现晃动(图2-177)。

图 2-176 承重梁固定安装

7)柱间支撑(剪刀撑)安装

为增强各立柱间的整体稳定性,应按设计要求在立柱之间加设纵向剪刀撑,在纵向方向上根据计算要求设置一道剪刀撑(图 2-178)。在两个剪刀撑之间,通过焊接间距为 50cm 水平的角钢(63mm×63mm×4mm)进行横向连接。

图 2-177 行车梁上端设置一道通长生命线

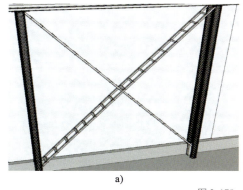
a)

b)

图 2-178 剪刀撑安装

8)钢结构大棚围护安装

围护板材就位——屋面围护板材应放置在梁两侧各 1.5m 范围内(图 2-179),由屋面梁直接承受集中荷载。严禁将屋面围护板材放置在跨中区域,以防止檩条变形板材坠落造成人员伤亡和经济损失。

a)

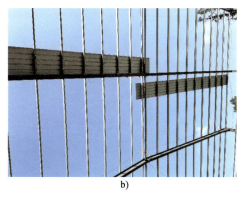
b)

图 2-179 围护板材

屋面围护施工——作业人员施工屋面板时,必须佩戴好安全带,安全母绳应系挂牢靠(图2-180)。

墙面围护施工——侧面封板采用滑轮吊装钢瓦片配合登高车完成彩钢瓦安装(图2-181)。

图2-180　系挂安全母绳

图2-181　彩钢瓦安装

9)钢结构整体吊装

在钢结构施工过程中,推荐使用整体吊装(图2-182)。其中,檩条、拉条、隅撑、生命线等部位的50%在地面拼装完成后再整体吊装,以减少高空作业,降低安全风险系数,且施工不易受不良天气影响。

图2-182　钢结构整体吊装

2.12.2 预制厂

预制厂标准化布局如图 2-183 所示。

图 2-183　预制厂标准化布局实景图

钢筋加工区应按照作业条线进行划分，设置标准化防雨棚（图 2-184），并采用统一标线划分人车分离通道。临时用电线路需根据现场实际，采用地埋、架空等方式布设（图 2-185），配电箱应统一标准。

图 2-184　标准化防雨棚

图 2-185　厂内临时用电布设

预制生产区需设置装配式防护栏杆及专用通道（图 2-186、图 2-187），并挂设安全警示标识标牌。

图 2-186　液压模板临边防护栏杆

图 2-187　装配式防护栏杆及专用通道

在蒸养区外侧需设置安全警示标识标牌,提醒人员切勿靠近。养护棚应采用统一标准,并进行编号。在梁板蒸养过程中应有专人进行巡视(图2-188)。

图2-188　蒸养过程中进行巡视

梁板存放区应设置在地势平坦、不易积水的区域(图2-189),梁板存放不得超过两层,边梁斜撑应设置到位,且施工人员要定期进行巡查(图2-190)。

图2-189　梁板存放

图2-190　日常巡查

预埋构件应按照相应尺寸进行分类存放(图2-191、图2-192),并粘贴分类标签。

图2-191　预埋构件专用存放柜

图2-192　预埋构件存放箱

垃圾箱需定制、定位,做到垃圾定点收集,清洁工具定点存取(图2-193、图2-194)。

图2-193　垃圾回收区

图2-194　清洁工具存放处

预制厂大型设备宜采用滑线式供电(图2-195),施工区域需保持干净整洁,做到工完场清(图2-196)。

图2-195　龙门吊滑线

图2-196　施工区域工完场清

绑扎作业防掉落平台应满足设计要求,同时挂设相应的警示标志标牌(图2-197)。

图2-197　绑扎作业防掉落平台

人员上下移动爬梯及人员作业平台宜采用符合设计要求且便捷的装配式爬梯(图2-198、图2-199)。

图 2-198　人员上下 T 梁安全通道

图 2-199　人工凿毛安全作业平台

梁板张拉防护挡板宜采用钢板、竹胶板、橡胶三层防护（图 2-200），且应设置防倾覆支撑。

图 2-200　张拉安全防护挡板

2.12.3　钢筋加工厂

钢筋加工厂（图 2-201～图 2-203）需结合运输条件、钢筋加工量及地质水文条件等进行规划选址，并实行封闭管理。厂内按加工流程划分为原材料、成品、半成品分类堆放区和钢筋加工区等，各区域宜用颜色区分标明，区域间应设置绿色通道。堆放区需严格按照"超市化"管理模式设置，各类操作规程和危险告知等上墙公示，场地应进行硬化处理，四周应设置排水系统，具体应符合安全、环保、消防、文明施工等各方面的相关要求。

2 工点防护标准化

图 2-201　钢筋加工厂实景图（一）

图 2-202　钢筋加工厂实景图（二）

a)　　　　　　　　　　　　　　　　b)

图 2-203　钢筋加工厂实景图（三）

钢筋加工厂重点部位应设置监控系统（图2-204），以便实时掌握厂内安全状况。

图2-204　安全智能监控

钢筋加工厂内应配备专用的钢筋作业平台并设置安全警示标识标牌（图2-205、图2-206），现场需经过监理工程师验收合格后方可投入使用。

图2-205　墩身钢筋安全制作平台　　　　图2-206　桩基钢筋笼安全制作平台

钢筋加工厂内各存放区需严格按照钢筋大小、种类统一摆放整齐，且设置明显的标识标牌（图2-207、图2-208）。

图2-207　加强筋存放区　　　　图2-208　半成品存放区

现场应悬挂各类安全宣传标语、警示标牌（图2-209、图2-210）。

图2-209 "安全警示"宣传告示牌

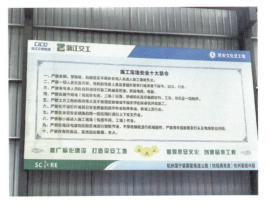
图2-210 安全十大禁令告示牌

现场可设置废料回收车和废料存放区，用于收集现场废料（图2-211、图2-212）。

图2-211 废料回收车

图2-212 废料存放区

厂内配电箱应按照规范要求进行架空和防护，箱体需张贴责任牌，并配备足量的灭火器（图2-213）。配电箱内应设置漏电保护器和断路器等设施，并按"一机一闸一漏"要求规范接线（图2-214）。

图2-213 灭火器

图2-214 "一机一闸一漏"

二氧化碳应配备专用气保焊推车,并存放在指定位置(图2-215)。

钢筋加工厂内可用蓝白隔离护栏进行人车通道分离(图2-216),通道宜采用绿底黄线,易发生碰撞区域用黄黑警示条警示。

图2-215　二氧化碳保护焊推车

图2-216　安全通道

每日作业结束后,应对施工区域及设备进行清理清扫,确保现场干净整洁(图2-217)。滚焊机等设备的临时用电线路宜采用隐藏敷设的方式,便于现场作业使用(图2-218)。

图2-217　场地整洁

图2-218　滚焊机焊接线路改进

钢筋棚顶应设置通风设施,排除各类有毒气体及热气,确保棚内新鲜空气流通(图2-219)。现场可设置水杯架及工具箱,改善作业环境(图2-220)。

图2-219　防雨式排烟扇

图2-220　水杯架和工具箱

钢筋棚外可设置专门的休息区域供工人临时休息,体现人文关怀(图2-221)。

加工厂内可设置标准统一的班前会讲台,用于班组日常教育活动(图2-222)。

图 2-221　安全驿站　　　　　　　　图 2-222　班前会讲台

2.12.4　生活区

生活区(图2-223)建筑优先使用砖混结构,特殊情况下可搭建临时板房,但必须采用阻燃材料。同时,考虑到台风等恶劣天气的影响,生活用房建设不宜超过两层,并应设置防风措施。

图 2-223　民工宿舍布置图

生活区按功能可划分为宿舍、食堂、卫生间、浴室、积分超市、活动室等区域,宿舍内可配置空调、收纳箱、桌椅、低压电、智慧用电等设施。

可将项目部、工区、班组、寝室实行"连、排、班、室"四级管理,统一宿舍门牌、人员等信息。

宿舍区可根据宿舍平面布局图进行布置(图2-224)。对摆放物品可进行标线定位,并对相关物品进行编号标识(图2-225)。同时,可为工人设置储物柜与收纳箱(图2-226)。

图2-224　宿舍布局　　　　　　　　　　图2-225　个人用品定位与编号

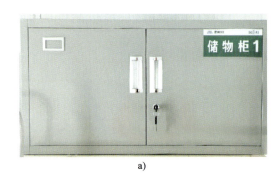

a)　　　　　　　　　　　　　　　b)

图2-226　储物柜与收纳箱

宿舍区配备员工娱乐区(图2-227、图2-228)。

图2-227　员工球室　　　　　　　　　　图2-228　员工篮球场

宿舍按"连、排、班、室"四级管理(图2-229)。

宿舍内部全部采用有USB接口的低压电源(图2-230)。

宿舍设置独立充电处与热水处(图2-231)。

图 2-229 "连、排、班、室"四级管理

图 2-230 USB 低压电源

图 2-231 充电柜及热水供应点

2.12.5 施工便道

施工便道（图 2-232）设置需符合规范要求，应在出入口设置值班室、门禁系统、"五牌一图"。

施工便道应设置装配式护栏、铁马、警示柱、可移动护栏等装置，并安放相应的限速、限宽、限重、限高等警示标牌。

临崖临水等路段应设置水泥墩、防撞护栏（图 2-233），并设置减速带。

图 2-232 施工便道

图 2-233 防撞墩

施工便道上方支架应设置限高、限宽、限速等警示标牌(图2-234)。

a) b)

图2-234 施工便道限高、限宽、限速牌

施工便道进出口应设置门禁,并安排专人值班(图2-235)。

便道上可设置仿真警示假人和测速仪,提醒过往车辆减速慢行(图2-236、图2-237)。

图2-235 便道进出口门禁　　　　　图2-236 交叉路口警示装置

便道改道施工时,可安排人员进行车辆引导,并设置安全警示设备或设施,防止车辆、人员误闯入施工区域(图2-238)。

图2-237 智能测速仪　　　　　图2-238 改道施工安全警示警戒

施工便道定期清洁维护(图2-239)。

便道设置喷雾系统进行洒水降尘(图2-240)。

图2-239　移动清扫车

图2-240　喷雾降尘

2.13　码头"工点"安全设施标准化

2.13.1　大管桩吊装

大管桩采用四点吊装法(图2-241)。

2.13.2　钢扁担法围囹施工

横向扁担搁置于桩顶,其上设置纵向扁担,精轧螺纹钢反吊围囹,围囹底板四周设置防护栏杆(图2-242)。

图 2-241　四点吊装法

图 2-242　钢扁担法围囹施工

2.13.3　嵌岩钢施工平台搭设

钢桩上焊接牛腿,贝雷架搁置其上,上层铺设 H 型钢,用钢网片满铺,履带吊行走区域铺设钢板(图2-243)。

2.13.4　上部结构

码头面层洞口悬挂安全网(图2-244)。

图 2-243　嵌岩钢施工平台搭设

图 2-244　码头面层洞口悬挂安全网

码头施工区域设置安全通道,通道上安置救生圈等安全设施(图2-245)。

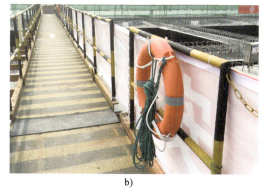

a)   b)

图2-245　安全通道和救生圈

面层混凝土施工采用定型化操作平台(图2-246)。

面层施工设置安全通道(图2-247)。

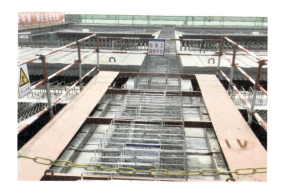

图2-246　定型化操作平台   图2-247　安全通道

2.13.5　其他

临舍建设集约化(图2-248)。

材料加工集中化,在施工后方设置钢材加工中心(图2-249)。

图2-248　临舍   图2-249　钢材加工中心

材料加工集中化,钢材加工中心内分区管理,原材料、半成品整齐堆放(图2-250)。
材料加工集中化,木材加工区域堆放整齐(图2-251)。

图2-250　原材料、半成品堆放

图2-251　木材加工区域堆放

材料加工集中化,并采用数控钢筋弯曲机(图2-252)。
施工现场入口处设置安全警示标志(图2-253)。

图2-252　数控钢筋弯曲机

图2-253　安全警示标志

施工现场入口处设置危险源动态告知牌(图2-254)。
施工现场入口处设置各类安全警示标牌(图2-255)。

图2-254　危险源动态告知牌

图2-255　安全警示标牌

现场主要通道硬化(图2-256)。

图2-256　主要通道硬化

3 施工安全防护设施标准化设计

高速公路建设安全管理手册

3.1 基本规定

项目开工前应结合工程施工特点与技术方案,对施工现场涉及的安全隐患及相关安全标准化防护设施进行梳理,制订可实施性方案。

工程各参建单位应根据各自管理职责建立本单位施工安全标准化设施管理办法和奖惩制度,提高项目安全防护标准化管理水平,减少安全事故的发生。

对于有荷载限制的非产品化的安全防护设施,应按其最不利状态要求进行结构设计与受力安全验算,并组织专家进行论证、审查。

安全防护设施应由具备相应生产资质的厂家进行工厂化制作;所用材料应满足刚度、厚度及侧向冲击力等规范要求;生产时宜考虑采用组合方式制作成标准部件,便于在施工现场进行组装,并可拆卸和重复使用,符合安全、整齐、美观的要求。

安全防护设施进场时需提供出厂合格证并进行进场检查验收;现场使用前、使用过程中应进行检查,并注意过程保养与维护。

安全防护设施安拆、使用前应对作业人员进行安全生产教育培训和安全技术交底,未经培训及交底不得上岗。

施工安全防护设施的设计、生产、使用应结合项目实际进行动态调整、完善,以提高设施的适用性。

各种安全防护设施表面应涂刷安全警示标识、张贴安全警示标志。

各种安全防护设施应按照使用说明书规定的技术性能、承载能力和使用条件操作、使用,严禁超载、超速作业或任意扩大使用范围。

工程施工前应结合项目应急预案,配备应急物资,并组织相关人员进行培训和演练。

3.2 标准化设计

3.2.1 施工安全防护设施

施工安全防护设施见表3-1。

3 施工安全防护设施标准化设计

施工安全防护设施一览表　　　　　　　　　表 3-1

序号	设施名称	适用位置	序号	设施名称	适用位置
一	基坑施工安全防护		18	湿接缝（横隔板）接火盆	湿接缝、横隔板焊接作业（收纳焊渣等废料）
1	基坑钢斜梯	拉森钢板桩围护基坑（人员跨越钢板桩）	四	架桥机施工安全防护	
2	基坑钢直梯	拉森钢板桩围护基坑（人员上下基坑）	19	架桥机作业钢直梯	架桥机与桥面人员上下安全通道
3	模板防护栏杆	承台模板或盖梁模板上方	20	架桥机作业安全母绳	架桥机主梁高空行走作业防护
二	墩柱、盖梁施工安全防护		五	挂篮施工安全防护	
4	陆上墩柱作业平台防护	陆上桥梁墩柱施工平台	21	菱形挂篮作业平台防护	挂篮平台作业安全围护
5	桥梁作业人行塔梯	墩柱盖梁及桥面系人员上下作业通道	六	桥面系施工安全防护	
6	塔梯衔接横向通道	塔梯与各作业平台的横向衔接	22	桥梁隔离带安全通道	桥梁中央隔离带横向行走安全通道
7	塔梯衔接斜梯	塔梯与各作业平台的不等高衔接	23	桥梁隔离带防护盖板	桥梁中央分隔带开口安全防护
8	平联钢直梯	钢管柱上下作业围护	24	桥面临边防护栏杆	桥面临边安全围护
9	盖梁作业平台防护	盖梁平台作业安全围护	七	水上桥梁施工安全防护	
10	盖梁作业安全母绳	盖梁高空作业人员安全绳	25	围檩防护栏杆	水上围檩临边安全围护
11	贝雷片作业安全母绳	贝雷片高空作业人员安全绳	26	围檩行走平台防护	水上围檩临边安全行走平台
12	盖梁支座作业防护栏杆	盖梁支座施工安全维护	27	水上墩柱作业平台防护	水上桥梁墩柱作业安全平台与临边维护
13	盖梁张拉挡板辅助内撑	盖梁预应力张拉	28	水上劲性骨架平台防护	水上墩柱围护安全作业平台
14	盖梁模板上下钢斜梯	跨越盖梁模板作业	八	明挖隧道施工安全防护	
三	梁板施工安全防护		29	明挖隧道作业人员塔梯	明挖隧道人员上下安全通道
15	钢板组合梁安全吊篮	钢板组合梁人员作业	30	明挖隧道钢斜梯	明挖隧道冠梁人行通道斜梯
16	钢板组合梁接火盆	钢板组合梁焊接作业（收纳焊渣等废料）	31	明挖隧道防护栏杆	明挖隧道临边围护
17	湿接缝作业安全吊篮	湿接缝、横隔板处人员吊装作业安全平台			

3.2.2 基坑施工安全防护

1)设计说明

根据《公路工程施工安全技术规范》(JTG F90—2015)、《公路水运工程施工安全标准化指南》等文件要求:

深度超过 2m 的基坑施工,应设置临边防护栏杆,并配置相应安全警示标志。基坑防护栏距坑边距离应大于 0.5m。

基坑区域应设置上下安全操作爬梯。

大型钢模板应设置工作平台和爬梯。工作平台应设置防护栏杆、挡脚板和限载标志。

2)基坑钢斜梯

(1)说明。

设施名称:基坑钢斜梯。

适用场所:基坑围堰施工作业时,作业人员上下通行使用。

结构规格:基坑钢斜梯主要由梯梁、扶手、梯间平台、踏步等组成。梯梁采用∠50mm×50mm×6mm 角钢,踏步、梯间平台采用 4mm 花纹钢板,钢斜梯与拉森钢板桩连接。钢斜梯设置高度为 1200mm 的护栏,护栏采用镀锌钢管。梯梁内侧净宽采用 600mm。踏步高 r、踏步宽 g 与爬梯倾角相关,常用组合见表 3-2。

表 3-2 踏步高 r、踏步宽 g 与爬梯倾角 α 常用组合

倾角 α(°)	30	35	40	45	50	55	60	65	70	75
r(mm)	160	175	185	200	210	225	235	245	255	265
g(mm)	280	250	230	200	180	150	130	110	90	70

材料使用要求:斜梯各构件选用的钢材力学性能不宜低于 Q235B(屈服点为 235MPa 的碳素结构半镇静钢),且应符合现行《碳素结构钢》(GB/T 700)等的有关规定。踏板、平台刷涂黄色油漆,扶手、梯梁刷涂黄黑相间油漆。

材料其他性能应满足现行有关标准的要求。

(2)效果展示及现场应用如图 3-1~图 3-3 所示。

图 3-1 基坑钢斜梯实物图(一)

图 3-2 基坑钢斜梯实物图(二)

3 施工安全防护设施标准化设计

图 3-3　基坑钢斜梯实物图(三)

(3)设计图及材料明细如图 3-4 所示。

(4)安装要求。

基坑上下安全爬梯各构件之间宜采用焊接连接,焊接要求应符合现行《钢结构工程施工质量验收标准》(GB 50205)的有关规定。采用其他方式连接时,连接强度应不低于焊接。

基坑内爬梯采用支撑腿嵌入围檩,基坑外爬梯通过挂钩与基坑内爬梯连接。爬梯下端应放置在平整且具备足够承载能力的平面上。梯间平台与支撑结构应刚性连接。在室外安装时,钢梯和连接部分的雷电保护、连接和接地应符合现行《建筑物防雷设计规范》(GB 50057)的要求。

安装后的梯子不应有歪斜、扭曲、变形及其他缺陷。表面应光滑,无锐边、尖角、毛刺、裂纹、焊渣或明显锤痕等可能对梯子使用者造成伤害或妨碍其通过的外部缺陷。

护栏立杆和横杆的设置、固定及连接,应确保在上下横杆和立杆任何处,均能承受任何方向的最小 1kN 外力作用。

自然环境中使用时,应对其至少涂一层底漆和一层(或多层)面漆,或进行热浸镀锌,或采用特殊涂层或耐腐蚀材料进行涂装。防锈防腐涂装涂层应均匀、牢固,无明显的堆漆、漏漆等缺陷。

(5)使用维护。

对长时间不用的爬梯应整齐堆放并用防潮布遮盖。

禁止同一段钢斜梯上 2 人及以上同时作业。

3)基坑钢直梯

(1)说明。

设施名称:基坑钢直梯。

适用场所:基坑施工作业人员上下通行时使用。

结构规格:基坑钢直梯主要由踏棍、梯梁、护笼等组成。梯梁采用 60mm×12mm 扁钢,踏棍采用 $\phi 25mm \times 3mm$ 圆钢管。爬梯设置护笼,护笼采用圆形结构,包括 6 组水平笼箍和 5 根立杆;水平笼箍采用 50mm×6mm 扁钢,立杆采用 40mm×5mm 扁钢,护笼底部距离下端基准面 2400mm。梯梁间踏棍供踏表面内侧净宽为 581mm;梯子整个攀登高度上所有的踏棍垂直间距相等,相邻踏棍垂直间距为 300mm。

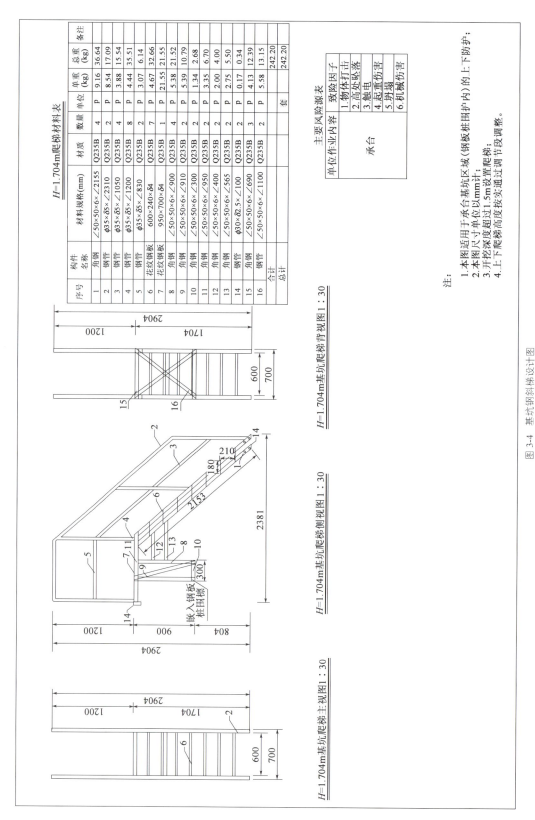

图 3-4 基坑钢斜梯设计图

材料使用要求：正常环境下，梯梁宜采用不小于60mm×10mm的扁钢，或具有等效强度的其他实心或空心型钢材；在潮湿或腐蚀等非正常环境下，梯梁宜采用不小于60mm×12mm的扁钢，或具有等效强度的其他实心或空心型钢材；水平笼箍宜采用不小于50mm×6mm的扁钢；笼箍立杆宜采用不小于40mm×5mm的扁钢。直梯各构件选用的钢材力学性能不宜低于Q235B，且应符合现行《碳素结构钢》(GB/T 700)等的有关规定。室外使用的直梯踏棍应有附加的防滑性能。

材料其他性能应满足现行有关标准的要求。

(2)效果展示及现场应用如图3-5~图3-7所示。

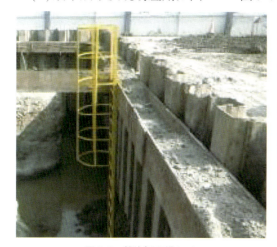

图3-5 基坑钢直梯(一)

图3-6 基坑钢直梯(二)

图3-7 基坑钢直梯(三)

(3)设计图及材料明细如图3-8所示。

(4)安装要求。

基坑钢直梯应采用焊接连接，焊接要求应符合现行《钢结构工程施工质量验收标准》(GB 50205)的有关规定。采用其他方式连接时，连接强度应不低于焊接。

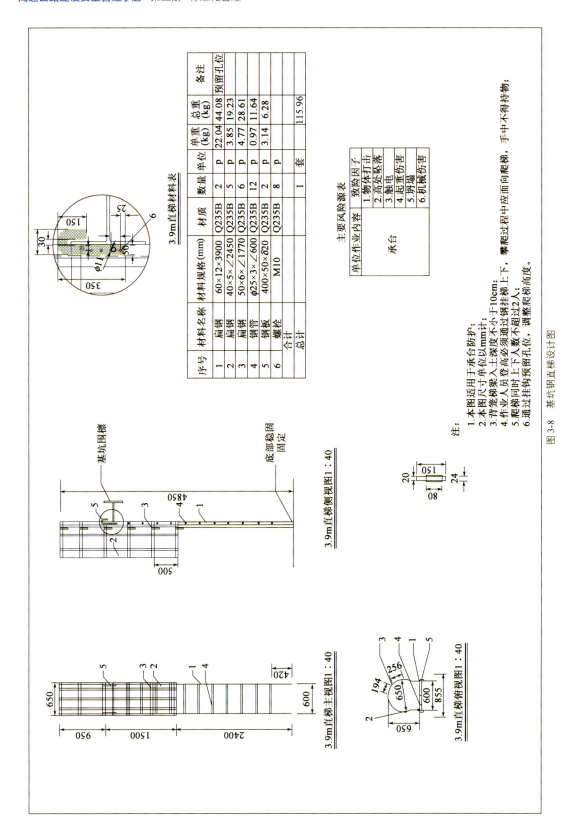

图 3-8 基坑钢直梯设计图

3 施工安全防护设施标准化设计

无基础的钢直梯,至少焊两对支撑,将梯梁固定在结构、建筑物或设备上。相邻两对支撑的竖向间距,应根据梯梁截面尺寸、梯子内侧净宽度及其在钢结构或混凝土结构的拉拔载荷特性确定。安装在固定结构上的钢直梯,应下部固定,其上部的支撑与固定结构牢固连接,在梯梁上开设长圆孔,采用螺栓连接。当温差较大时,固定在设备上的钢直梯相邻支撑中应一对支撑完全固定,另一对支撑在梯梁上开设长圆孔,采用螺栓连接。

在室外安装时,钢梯和连接部分的雷电保护、连接和接地应符合现行《建筑物防雷设计规范》(GB 50057)的要求。

安装后的钢直梯不应有歪斜、扭曲、变形及其他缺陷。表面应光滑,无锐边、尖角、毛刺、裂纹、焊渣或明显锤痕等可能对梯子使用者造成伤害或妨碍其通过的外部缺陷。

在自然环境中使用时,应对其至少涂一层底漆和一层(或多层)面漆,或进行热浸镀锌,或采用特殊涂层或耐腐蚀材料进行涂装。防锈防腐涂装涂层应均匀、牢固,无明显的堆漆、漏漆等缺陷。

(5)使用维护。

对长时间不用的钢直梯应整齐堆放并用防潮布遮盖。

禁止同一段钢直梯上2人及以上同时作业。在通道处使用梯子作业时,应有专人监护或设置围栏。

脚手架操作层上严禁架设梯子作业。

4)模板防护栏杆

(1)说明。

设施名称:模板防护栏杆。

适用场所:承台或盖梁模板工程作业临边防护时使用。

结构规格:防护栏杆主要由横杆、立柱、挡脚板、安全网等组成。模板护栏张挂密目式安全立网,护栏横杆、立柱采用 $\phi32mm \times 3mm$ 圆钢管,下部外侧加180mm高踢脚板。模板护栏采用插入式与模板连接。

材料使用要求:横杆、立柱宜采用钢管或型钢,钢材力学性能不宜低于Q235B,或选用铝合金、纤维增强复合材料等其他力学性能不低于Q235B的等效材料,且应符合现行《碳素结构钢》(GB/T 700)等的有关规定。挡脚板宜采用钢板或其他等效材料,其力学性能不应低于Q235;安全网宜采用钢丝网、钢板网或密目式安全网,且应符合现行《安全网》(GB 5725)、《钢板网》(GB/T 33275)等的有关规定。钢丝网、钢板网力学性能不应低于Q235。采用钢丝网时,宜采用直径或截面不小于2mm的低碳冷拔钢丝。防护栏杆宜采用安全警示色,并符合相关标准的规定。

材料其他性能应满足现行有关标准的要求。

(2)效果展示及现场应用如图3-9、图3-10所示。

(3)设计图及材料明细如图3-11所示。

图3-9 模板防护栏杆(一)

图3-10 模板防护栏杆(二)

(4)安装要求。

防护栏杆各构件之间采用焊接、套接、销轴连接等方式连接固定。

防护栏杆立柱底端应固定牢靠,并符合设计、制造单位的安装要求。防护栏杆安装后,横杆、立柱应能承受任何方向施加的1kN的集中荷载。

防护栏杆线形应协调,各构件不得歪斜、扭曲、变形;切割部位应锉平磨光;边角整齐。栏杆表面安全警示色、防锈漆应涂层均匀、牢固,无明显的堆漆、漏漆等缺陷。

所有构件的表面要求光滑,无锐边、尖角及无刺等。

护栏安装时,应保证其整体线形及稳定性,在保障安全使用的基础上提高整体美观。

(5)使用维护。

应避免在防护栏杆构件上额外施加长期的外力作用及施加振动荷载,不得随意悬挂重物。

防护栏杆使用过程中发现锈蚀、腐蚀、松动或损坏的,应及时进行检查、维修。

3.2.3 墩柱、盖梁施工安全防护

1)设计说明

根据《公路工程施工安全技术规范》(JTG F90—2015)、《公路水运工程施工安全标准化指南》等文件要求:

爬梯、工作平台应搭设牢固,不得与模板及其支撑体系连接。夜间施工必须配备足够的照明设施、发光警示标志。

因作业需要临时拆除或变动安全防护设施时,必须经施工负责人同意,采取相应的可靠措施,作业后应立即恢复。

大型钢模板应设置工作平台和爬梯。工作平台应设置防护栏杆、挡脚板和限载标志。

高处作业时,应设置操作平台及人员上下爬梯。

基于现场实际需要,进行陆上墩柱作业平台、施工安全梯笼、梯笼衔接通道、梯笼衔接爬梯、平联施工安全爬梯、盖梁施工平台防护、贝雷片安全母绳、盖梁支座施工安全护栏、盖梁张拉挡板辅助内撑、盖梁模板上下爬梯等安全防护设施标准化设计,并进行现场应用,以提升项目现场安全防护标准化质量。

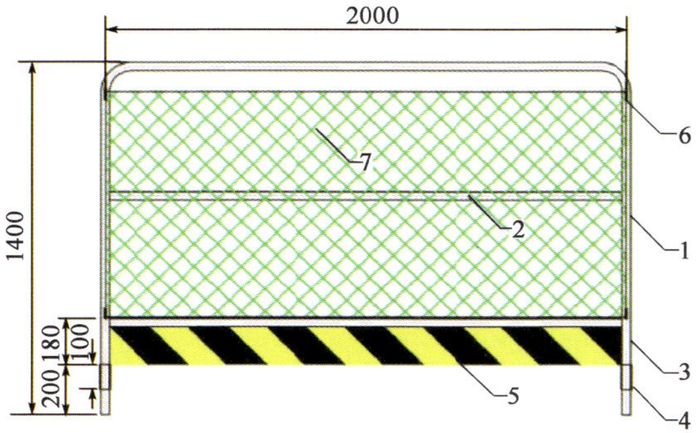

3 施工安全防护设施标准化设计

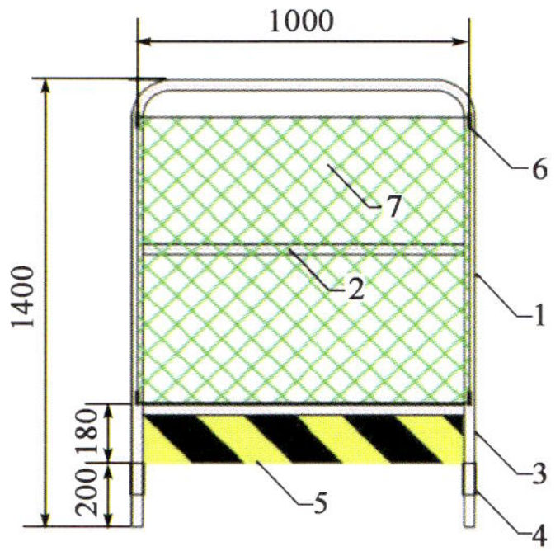

2.0m模板护栏材料表

序号	构件名称	材料规格(mm)	材质	数量	单位	单重(kg)	总重(kg)	备注
1	钢管	φ32×3×∠4682	Q235B	1	p	10.54	10.54	
2	钢管	φ32×3×∠1968	Q235B	2	p	4.30	8.60	
3	钢管	φ42×3×∠100	Q235B	2	p	0.29	0.58	
4	钢管	φ42×3×∠200	Q235B	1	p	0.58	1.16	
5	踢脚板	2000×180×δ2	Q235B	1	p	5.65	5.65	
6	圆钢	φ8×∠90	HPB300	4	p	0.04	0.16	挂钩
7	密目网			1				
合计					套			
总计							26.69	

1.0m模板护栏材料表

序号	构件名称	材料规格(mm)	材质	数量	单位	单重(kg)	总重(kg)	备注
1	钢管	φ32×3×∠3682	Q235B	1	p	8.29	8.29	
2	钢管	φ32×3×∠968	Q235B	1	p	2.18	2.18	
3	钢管	φ42×3×∠100	Q235B	2	p	0.29	0.58	
4	钢管	φ42×3×∠200	Q235B	2	p	0.58	1.16	
5	踢脚板	1000×180×δ2	Q235B	1	p	2.83	2.83	
6	圆钢	φ8×∠90	HPB300	4	p	0.04	0.16	挂钩
7	密目网			1				
合计					套			
总计							15.20	

注：
1. 本图适用于承台模板、盖梁模板防护；
2. 本图尺寸单位除注明外以mm计；
3. 组件4焊于单根子钢模板，护栏应紧密排布，不得留有空隙。

图3-11 模板防护栏杆设计图

2)陆上墩柱作业平台防护

(1)说明。

设施名称:陆上墩柱作业平台防护。

适用场所:陆上桥梁墩柱施工时,作为作业平台及临边防护使用。

结构规格:墩柱作业平台主要由支撑体系、平台底板、防护栏杆等组成。支撑体系由 50mm×30mm×3mm 方管焊接而成,平台底板为 6mm 花纹钢板,防护栏杆护栏横杆、立柱采用 50mm×30mm×3mm 方管,下部外侧加 180mm 高踢脚板,张挂 3mm 菱形网片等构件组成。各构件通过焊接等工艺,组成载人载物平台。

材料使用要求:各构件选用的钢材力学性能不宜低于 Q235B,且应符合现行《碳素结构钢》(GB/T 700)等的有关规定。钢丝网、钢板网力学性能不低于 Q235,且应符合现行《安全网》(GB 5725)、《钢板网》(GB/T 33275)等的有关规定。防护栏杆宜采用安全警示色,并符合相关标准的规定。

材料其他性能应满足现行有关标准的要求。

(2)效果展示及现场应用如图 3-12 所示。

(3)设计图及材料明细如图 3-13 所示。

a)

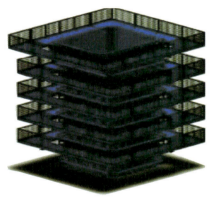
b)

c)

图 3-12 陆上墩柱作业平台防护

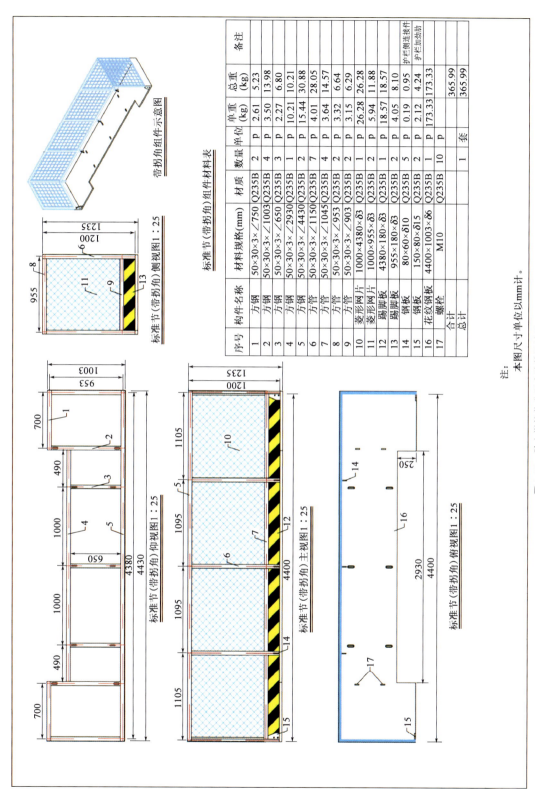

图 3-13 陆上墩柱作业平台防护设计图

(4)安装要求。

陆上墩柱作业平台防护的各构件之间可视需要采用扣件、焊接、定型套管、螺栓、销轴等方式进行连接固定,应保证设计的结构强度。支撑体系采用悬臂梁式时,其节点应采用螺栓或焊接的刚性连接。

平台应与支撑结构刚性连接,不应仅靠自重安装固定。当采用仅靠拉力的固定件时,其工作荷载系数应不小于1.5。搁置点、拉结点、支撑点应设置在稳定的结构上,悬挑梁宜锚固固定。

平台各构件之间、平台与支撑结构之间的连接固定等应符合相关标准的规定。平台安装时,应保证其刚度、强度、稳定性、防止倾斜、踩空事故的发生。

平台各构件不得有歪斜、扭曲、变形、破损及其他缺陷;平台底板应满铺、平整、无明显错台。

防护栏杆安装后,横杆、立柱应能承受任何方向施加的1kN的集中荷载。栏杆表面安全警示色、防锈漆应涂层均匀、牢固、无明显的堆漆、漏漆等缺陷。护栏安装时,应保证其整体线形及稳定性,在保障安全使用的基础上提高整体美观。

(5)使用维护。

应避免在防护栏杆构件上额外施加长期的外力作用及施加振动荷载,不得随意悬挂重物。

防护栏杆使用过程中发现锈蚀、腐蚀、松动或损坏的,应及时进行检查、维修。

平台投入使用时,应在平台的内侧设置标明允许负载值的限载牌及限定允许作业人数,不得超重;设备、材料在平台上应对称均匀放置,严禁超荷载或偏压堆放物料。

作业平台在吊运、安装、移动时,严禁人员上下。

作业平台应配备消防器材。

平台使用中严禁任意拆除任何构件。

平台使用过程中应每月不少于1次定期检查,应由专人进行日常维护。

3)桥梁作业人行塔梯

(1)说明。

设施名称:桥梁作业人行塔梯。

适用场所:作为桥梁施工时作业人员上下通道使用。

结构规格:人行塔梯是由方钢、角钢等钢结构加工而成的,由底座、平台、楼梯、立柱、扶手、安全防护网、防护门等构件,通过焊接等工艺,使各构件形成一个四面笼状的安全围护体系,并采用底座与地面相连、连墙件与建筑主体相连的,供施工人员上下的一种重型安全人行通道。梯笼组装好后长度为3000mm,宽度为2000mm,各节高度为2000mm、2400mm、2600mm、2800mm、3000mm,节与节之间用平台和螺栓紧固相连。

材料使用要求:各构件选用的钢材力学性能不宜低于Q235B,且应符合现行《碳素结构钢》(GB/T 700)等的有关规定。钢丝网、钢板网力学性能不低于Q235,且应符合现行《安全网》(GB 5725)、《钢板网》(GB/T 33275)等的有关规定。

材料其他性能应满足现行有关标准的要求。

(2)效果展示及现场应用如图 3-14、图 3-15 所示。

a) b)

图 3-14 桥梁作业人行塔梯实物图

图 3-15 桥梁作业人行塔梯示意图

(3)设计图及材料明细如图 3-16 所示。

(4)安装要求。

人行塔梯所有配件表面应进行浸漆防锈处理,应使用防锈漆对产品表面进行浸泡或喷涂,油漆表面应光滑、均匀、色泽鲜艳,无漏涂、滴瘤等缺陷。

人行塔梯所有焊接焊口均必须采用双面满焊。焊接焊口应平整光滑,不得有穿焊、漏焊、咬焊、裂纹和夹渣等缺陷。

人行塔梯必须配合施工进度搭设,一次搭设高度不应超过相邻连墙件以上一层高度。每搭设一层,应校验人行塔梯支架的水平度和垂直度。楼梯扶手、其他配件的搭设应与立杆(立柱)搭设同步进行,严禁滞后安装。当人行塔梯支架高出相邻连墙件一层时,应采取确保梯笼整体结构稳定的临时拉结措施。

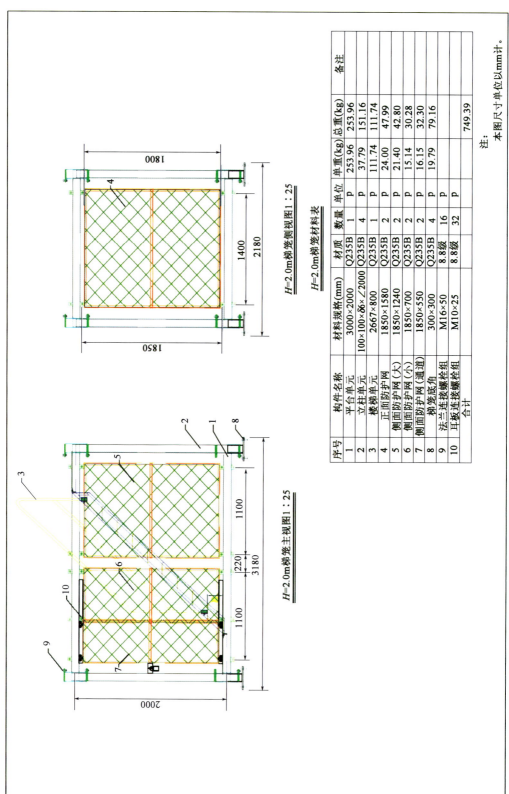

图 3-16 桥梁作业人行塔梯设计图

人行塔梯每5m设置一层连墙件,每层连墙件数量不少于2个;大风期间使用缆风绳加固;基础采用厚度不小于30cm的C20混凝土硬化;人行塔梯同一个水平截面的滞留人数最多不能超过6人,同一踏步的滞留人数不超过3人。

严禁对人行塔梯架设地面周边进行挖掘作业,应始终保持其地基平整坚实(如在其基础及附近开沟挖坑,极易引起架体下沉,甚至倒塌)。基础四周应设有防排水设施,并确保排水通畅。

(5)使用维护。

为维护人行塔梯使用安全,应进行日常性检查和维护,及时对爬梯上的杂物进行清理,避免落物伤人。

进场后的人行塔梯构件应按品种、规格分类,堆放整齐、平稳,堆放场地不得有积水。

4)塔梯衔接横向通道

(1)说明。

设施名称:塔梯衔接横向通道。

适用场所:塔梯与各作业平台的横向衔接。

结构规格:塔梯衔接横向通道由底部支撑、通道底板和防护栏杆组成。其中通行平台用∠50mm×50mm×5mm角钢与5mm花纹钢板等构件焊接而成;防护围挡由30mm×30mm×3mm矩形方管、铁丝焊网、180mm高踢脚板等构件组合而成。

材料使用要求:塔梯衔接横向通道底部支撑宜选用型钢;通道底板宜选用厚度不小于3mm花纹钢板或经防滑处理的普通钢板,或钢脚手板、木质板等其他等效结构材料;各构件选用的钢材力学性能不宜低于Q235B,且应符合现行《碳素结构钢》(GB/T 700)等的有关规定。

材料其他性能应满足现行有关标准的要求。

(2)效果展示及现场应用如图3-17所示。

a) b)

图3-17 塔梯衔接横向通道

(3)设计图及材料明细如图3-18所示。

(4)安装要求。

塔梯衔接横向通道各构件之间宜采用焊接连接,焊接要求应符合现行《钢结构工程施工质量验收标准》(GB 50205)的有关规定。采用其他方式连接时,连接强度应不低于焊接。

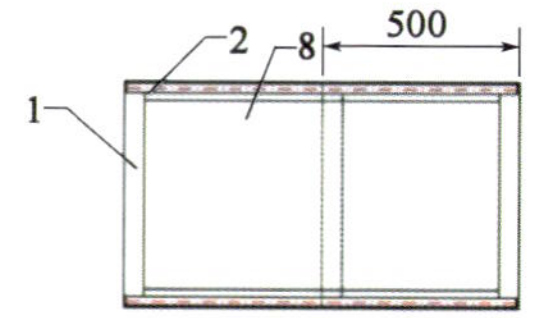

L=1m衔接通道材料表

序号	构件名称	材料规格(mm)	材质	数量	单位	单重(kg)	总重(kg)	备注
1	角钢	∠50×50×5×∠1000	Q235B	2	p	3.77	7.54	
2	角钢	∠50×50×5×∠600	Q235B	3	p	2.26	6.79	
3	方管	30×30×3×∠1000	Q235B	6	p	2.54	15.26	
4	方管	30×30×3×∠1220	Q235B	4	p	3.10	12.41	
5	方管	40×40×4×∠80	Q235B	4	p	0.36	1.44	
6	地脚板	1000×180×δ3	Q235B	2	p	1.41	2.83	
7	铁丝焊网	1000×1000(φ3.8,间距60×60)	Q235B	2	p	2.97	5.93	
8	花纹钢板	600×1000×δ5	Q235B	1	p	23.55	23.55	
	合计						75.75	
	总计				套	1	75.75	

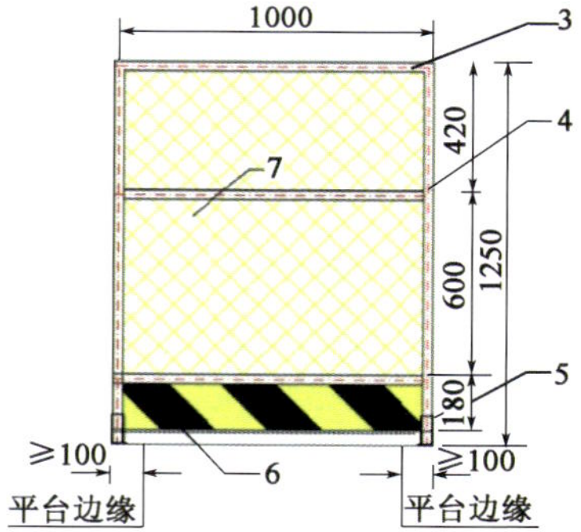

注：
1. 本图适用于衔接通道防护；
2. 本图中单位尺寸单位以mm计；
3. 衔接爬梯长度按实调整；
4. 搁置长度不小于100mm。

图 3-18 塔梯衔接横向通道设计图

在室外安装时的钢梯和连接部分的雷电保护、连接和接地应符合现行《建筑物防雷设计规范》(GB 50057)的要求。

通道钢梁应平直,各构件不得有歪斜、扭曲、变形、破损及其他缺陷;通道底板应满铺、平整,无明显错台。

塔梯衔接横向通道防护栏杆立杆和横杆的设置、固定及连接,应确保防护栏杆在上下横杆和立杆任何处均能承受任何方向的最小 1kN 外力作用。

在自然环境中使用时,应对其至少涂一层底漆和一层(或多层)面漆,或进行热浸镀锌,或采用特殊涂层或耐腐蚀材料进行涂装。防锈防腐涂装涂层应均匀、牢固,无明显的堆漆、漏漆等缺陷。

塔梯衔接横向通道使用时应确保搁置长度不小于 100mm,并使用钢丝与施工平台绑扎牢固,且绑扎固定不少于 4 处;在确认通道搭接稳固的情况下方可使用。

(5) 使用维护。

对长时间不用的衔接通道应整齐堆放并用防潮布遮盖。

禁止同一段衔接通道上 2 人及以上同时通过。

应在明显位置标明允许负载值的限载牌及限定允许的作业人数,不得超重。

使用中严禁任意拆除任何构件。

衔接通道使用过程中应每月不少于 1 次定期检查,并由专人进行日常维护。

5) 塔梯衔接斜梯

(1) 说明。

设施名称:塔梯衔接斜梯。

适用场所:塔梯与各作业平台间的不等高衔接,供作业人员通行使用。

结构规格:塔梯衔接斜梯主要由梯梁、扶手、梯间平台、踏步等组成。梯梁采用∠50mm×50mm×5mm 角钢,踏步、梯间平台采用 5mm 花纹钢板。爬梯设置高度为 1200mm 的护栏,护栏采用镀锌钢管。

材料使用要求:斜梯各构件选用的钢材力学性能不宜低于 Q235B,且应符合现行《碳素结构钢》(GB/T 700)等的有关规定。

材料其他性能应满足现行有关标准的要求。

(2) 效果展示及现场应用如图 3-19 所示。

(3) 设计图及材料明细如图 3-20 所示。

(4) 安装要求。

塔梯衔接斜梯各构件之间宜采用焊接连接,焊接要求应符合现行《钢结构工程施工质量验收标准》(GB 50205)的有关规定。采用其他方式连接时,连接强度应不低于焊接。

在室外安装时,钢梯和连接部分的雷电保护、连接和接地应符合现行《建筑物防雷设计规范》(GB 50057)的要求。

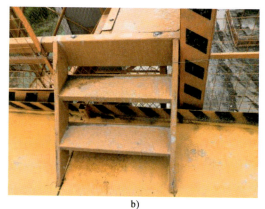

图 3-19　桥梁塔梯衔接斜梯

安装后的斜梯不应有歪斜、扭曲、变形及其他缺陷。表面应光滑，无锐边、尖角、毛刺、裂纹、焊渣或明显锤痕等可能对梯子使用者造成伤害或妨碍其通过的外部缺陷。

斜梯防护栏杆立杆和横杆的设置、固定及连接，应确保防护栏杆在上下横杆和立杆任何处均能承受任何方向的最小 1kN 外力作用。

塔梯衔接斜梯使用钢丝与施工平台绑扎牢固，且绑扎固定不少于 4 处；在确认通道搭接稳固的情况下方可使用。

在自然环境中使用时，应对其至少涂一层底漆和一层（或多层）面漆，或进行热浸镀锌，或采用特殊涂层或耐腐蚀材料进行涂装。防锈防腐涂装涂层应均匀、牢固，无明显的堆漆、漏漆等缺陷。

（5）使用维护。

对长时间不用的斜梯应整齐堆放并用防潮布遮盖。

禁止同一段斜梯上 2 人及以上同时通过。

应在明显位置标明允许负载值的限载牌及限定允许的作业人数，不得超重。

使用中严禁任意拆除任何构件。

斜梯使用过程中应每月不少于 1 次定期检查，并由专人进行日常维护。

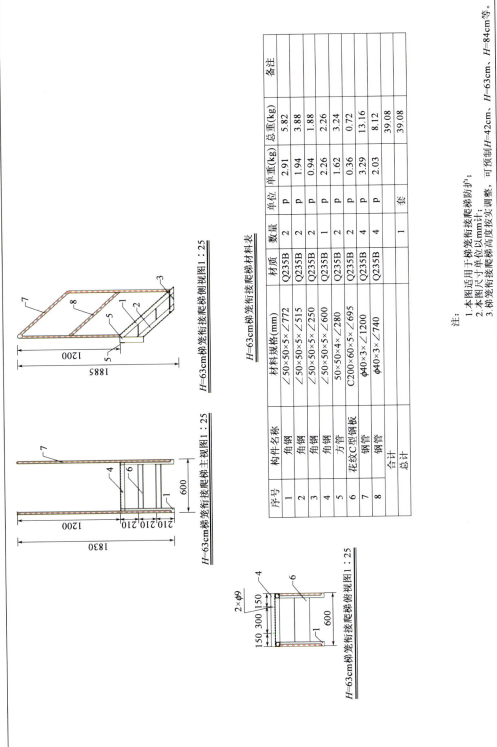

图 3-20 桥梁塔梯衔接斜梯设计图

6）平联钢直梯

（1）说明。

设施名称：平联钢直梯。

适用场所：钢管柱平、纵联施工时作业人员上下通行使用。

结构规格：平联钢直梯主要由梯梁、踏棍、护笼等组成。梯梁采用∠63mm×63mm×10mm角钢，踏棍采用φ30mm×3mm钢管，爬梯稳固置于地面，直梯设置两对支撑，采用抱箍与钢管柱连接。爬梯设置护笼，护笼采用圆形结构，包括8组水平笼箍和5根立杆；水平笼箍采用50mm×6mm扁钢，立杆采用40mm×5mm扁钢，护笼底部距离下端基准面2100mm；梯子整个攀登高度上所有的踏棍垂直间距相等，相邻踏棍垂直间距300mm。

材料使用要求：平联钢直梯各构件选用的钢材力学性能不宜低于Q235B，且应符合现行《碳素结构钢》（GB/T 700）等的有关规定。直梯踏棍应有附加的防滑性能。

材料其他性能应满足现行有关标准的要求。

（2）效果展示及现场应用如图3-21所示。

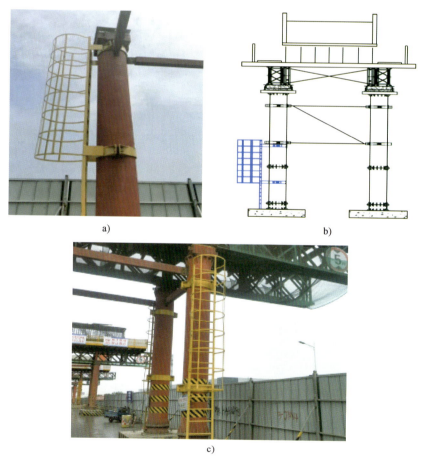

图3-21 平联钢直梯

（3）设计图及材料明细如图3-22所示。

3 施工安全防护设施标准化设计

5.65m直梯材料表

序号	构件名称	材料规格(mm)	材质	数量	单位	单重(kg)	总重(kg)	备注
1	角钢	∠63×63×10×∠5650	Q235	2	p	51.7	103.4	
2	扁钢	40×5×∠3550	Q235	5	p	5.58	27.9	
3	扁钢	50×6×∠2025	Q235	8	p	4.77	38.16	
4	钢管	φ30×3×∠550	Q235	18	p	1.1	19.8	
5	扁钢	200×10×∠1480	Q235	2	p	23.24	46.48	
6	弧板	200×10×∠943	Q235	4	p	14.8	59.22	
7	面板	δ10	Q235	8	p	0.66	5.25	
8	孔板	δ12	Q235	4	p	2.06	8.26	
9	螺栓	M20	Q235	8	p	0.6	4.8	
	合计				套			
	总计			1			313.27	

注：本图尺寸单位以mm计。

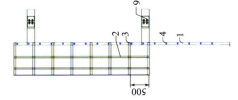

直梯侧视图1：50   直梯俯视图1：50

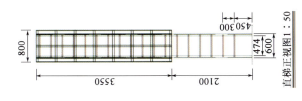

直梯正视图1：50

图 3-22 平联钢直梯设计图

(4)安装要求。

平联钢直梯应采用焊接连接,焊接要求应符合现行《钢结构工程施工质量验收标准》(GB 50205)的有关规定。采用其他方式连接时,连接强度应不低于焊接。

无基础的钢直梯,至少焊两对支撑,将梯梁固定在结构、建筑物或设备上。相邻两对支撑的竖向间距,应根据梯梁截面尺寸、梯子内侧净宽及其在钢结构或混凝土结构的拉拔载荷特性确定。安装在固定结构上的钢直梯,应下部固定,其上部的支撑与固定结构牢固连接,在梯梁上开设长圆孔,采用螺栓连接。

在室外安装时,钢梯和连接部分的雷电保护、连接和接地应符合现行《建筑物防雷设计规范》(GB 50057)的要求。

安装后的钢直梯不应有歪斜、扭曲、变形及其他缺陷。表面应光滑,无锐边、尖角、毛刺、裂纹、焊渣或明显锤痕等可能对梯子使用者造成伤害或妨碍其通过的外部缺陷。

在自然环境中使用时,应对其至少涂一层底漆和一层(或多层)面漆,或进行热浸镀锌,或采用特殊涂层或耐腐蚀材料进行涂装。防锈防腐涂装涂层应均匀、牢固,无明显的堆漆、漏漆等缺陷。

(5)使用维护。

对长时间不用的钢直梯应整齐堆放并用防潮布遮盖。

禁止同一段钢直梯上2人及以上同时作业。在通道处使用梯子作业时,应有专人监护或设置围栏。

脚手架操作层上严禁架设梯子作业。

现场使用过程中应注意检查抱箍螺栓的有效联结和拧固,防止发生脱落。

7)盖梁作业平台防护

(1)说明。

设施名称:盖梁作业平台防护。

适用场所:盖梁施工,进行临时作业平台及临边防护时使用。

结构规格:盖梁作业平台主要由支撑体系、平台底板、防护栏杆等组成。支撑体系由5根槽钢焊接而成,平台底板为5mm花纹钢板,防护栏杆护栏横杆、立柱采用30mm×30mm×3mm方管,下部外侧加180mm高踢脚板,张挂3mm菱形网片等构件。各构件通过焊接等工艺连接。

材料使用要求:各构件选用的钢材力学性能不宜低于Q235B,且应符合现行《碳素结构钢》(GB/T 700)等的有关规定。钢丝网、钢板网力学性能不低于Q235,且应符合现行《安全网》(GB 5725)、《钢板网》(GB/T 33275)等的有关规定。防护栏杆宜采用安全警示色,并符合相关标准的规定。

材料其他性能应满足现行有关标准的要求。

(2)效果展示及现场应用如图3-23所示。

(3)设计图及材料明细如图3-24所示。

a)   b)

图 3-23 盖梁作业平台防护

(4) 安装要求。

盖梁作业平台的各构件之间可视需要采用扣件、焊接、定型套管、螺栓、销轴等方式进行连接固定,应保证设计的结构强度。支撑体系采用悬臂梁式时,其节点应采用螺栓或焊接的刚性连接。

平台应与支撑结构刚性连接,不应仅靠自重安装固定。当采用仅靠拉力的固定件时,其工作荷载系数应不小于 1.5。搁置点、拉结点、支撑点应设置在稳定的结构上,悬挑梁宜锚固固定。

平台各构件之间、平台与支撑结构之间的连接固定等应符合相关标准的规定。平台安装时,应保证其刚度、强度、稳定性,防止倾斜、踩空事故的发生。

平台各构件不得有歪斜、扭曲、变形、破损及其他缺陷;平台底板应满铺、平整,无明显错台。

墩柱位置无分配梁时,需设置三角支撑进行稳固。

防护栏杆安装后,横杆、立柱应能承受任何方向施加的 1kN 的集中荷载。栏杆表面安全警示色、防锈漆应涂层均匀、牢固,无明显的堆漆、漏漆等缺陷。护栏安装时,应保证其整体线形及稳定性,在保障安全使用的基础上提高整体美观。

(5) 使用维护。

应避免在防护栏杆构件上额外施加长期的外力作用及施加振动荷载,不得随意悬挂重物。

防护栏杆使用过程中发现锈蚀、腐蚀、松动或损坏的,应及时进行检查、维修。

平台投入使用时,应在平台的内侧设置标明允许负载值的限载牌及限定允许作业人数,不得超重;设备、材料在平台上应对称均匀放置,严禁超荷载或偏压堆放物料。

平台在吊运、安装、移动时,严禁人员上下。

平台应配备消防器材。

平台使用中严禁任意拆除任何构件。

平台使用过程中应每月不少于 1 次定期检查,应由专人进行日常维护。

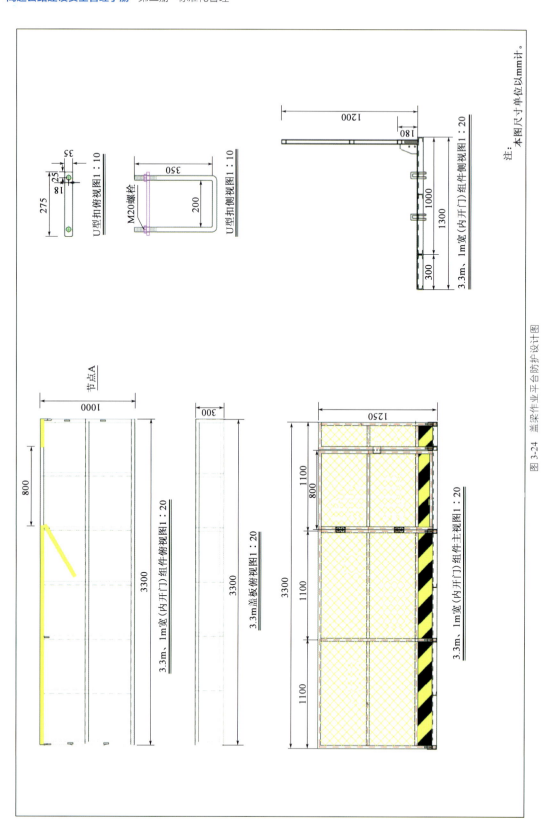

图 3-24 盖梁作业平台防护设计图

3 施工安全防护设施标准化设计

8)盖梁作业安全母绳

(1)说明。

设施名称:盖梁作业安全母绳。

适用场所:盖梁施工时作业人员安全绳的连接防护。

结构规格:盖梁作业安全母绳由钢板、$\phi 89mm \times 4.5mm$ 圆钢管与 $\phi 12mm$ 钢丝绳组成;将混凝土挡块夹在组件中间,就可在不破坏混凝土挡块的前提下起到防坠作用。

材料使用要求:各构件选用的钢材力学性能不宜低于 Q235B,且应符合现行《碳素结构钢》(GB/T 700)等的有关规定。安全母绳挂点连接件应使用安全警示色,并符合相关标准的规定。

材料其他性能应满足现行有关标准的要求。

(2)效果展示及现场应用如图 3-25 所示。

a)

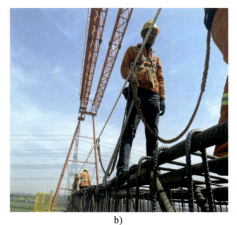
b)

c)

图 3-25 盖梁作业安全母绳

(3)设计图及材料明细如图 3-26 所示。

(4)安装要求。

安全母绳应按照产品说明书进行安装,宜固定在预埋件上。

安全母绳安全警示色、防锈漆涂层应均匀、牢固,且无明显的堆漆、漏漆等缺陷。

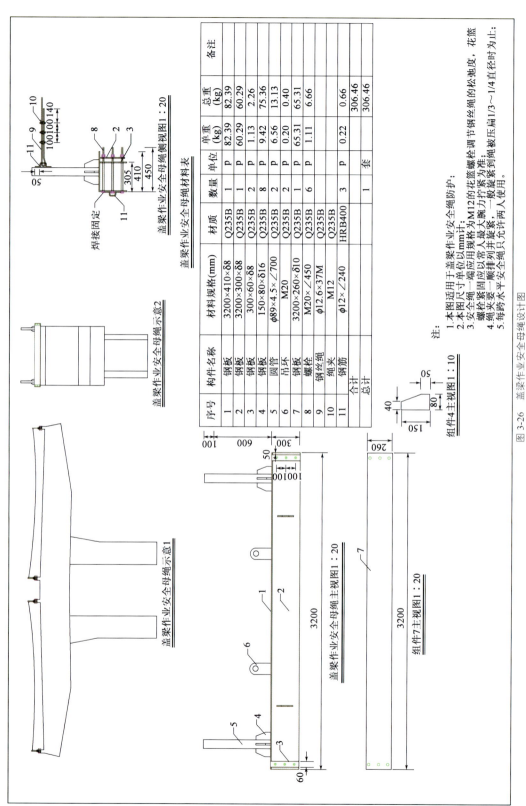

图 3-26 盖梁作业安全母绳设计图

安全母绳一端应用规格为 M12 的花篮螺栓调节钢丝绳的松弛度,花篮螺栓紧固应以常人最大腕力拧紧为准;绳夹要一顺排列并旋紧,一般旋紧到绳被压扁 1/3~1/4 直径时为止,受力后再旋紧一次。

在腐蚀性环境中工作时,应有防腐措施,能承受 15kN 的瞬时拉力,并无撕裂和破断的情况。

(5)使用维护。

安全母绳及相关材料在运输过程中和保管期间应不受损坏和腐蚀。

每跨水平安全母绳只允许两人使用,严禁超过安全母绳额定使用人数。

所有零部件应顺滑,无材料或制造缺陷,无尖角或锋利边缘。钢丝绳的磨损、断丝不得超标。

使用前应检查安全母绳是否存在使用缺陷并及时进行更换。钢丝绳绳夹在受载后应进行检查,并视情况进一步拧紧。

9)贝雷片作业安全母绳

(1)说明。

设施名称:贝雷片作业安全母线。

适用场所:贝雷梁施工时作业人员安全绳的连接防护。

结构规格:贝雷片作业安全母绳主要由 φ36mm×5mm 钢管与 M10 铁链等构件组成,钢管插入贝雷片孔洞,起到防坠作用。

材料使用要求:各构件选用的钢材力学性能不宜低于 Q235B,且应符合现行《碳素结构钢》(GB/T 700)等的有关规定。安全母绳挂点连接件应使用安全警示色,并符合相关标准的规定。

材料其他性能应满足现行有关标准的要求。

(2)效果展示及现场应用如图 3-27 所示。

 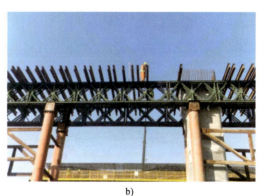

a)　　　　　　　　　　　　　　　　　　b)

图 3-27　贝雷片作业安全母绳

(3)设计图及材料明细如图 3-28 所示。

(4)安装要求。

安全母绳安全警示色、防锈漆涂层应均匀、牢固,且无明显的堆漆、漏漆等缺陷。

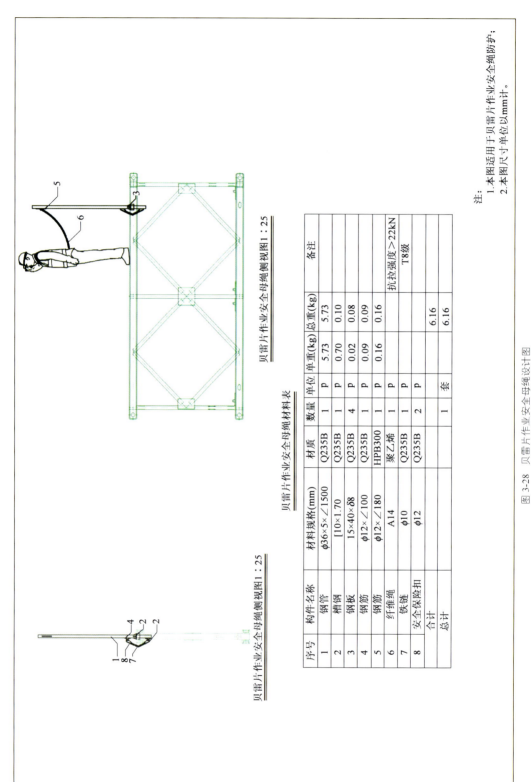

图 3-28 贝雷片作业安全母绳设计图

安全母绳采用规格为 M8 的花篮螺栓调节松弛度。

在腐蚀性环境中工作时,应有防腐措施,能承受 15kN 的瞬时拉力,并无撕裂和破断的情况。

(5)使用维护。

安全母绳及相关材料在运输过程中和保管期间应不受损坏和腐蚀。

作业人员安全绳通过铁链与安全母绳连接,只允许 1 人使用。使用过程中严禁超过安全母绳额定使用人数。

所有零部件应顺滑,无材料或制造缺陷,无尖角或锋利边缘。钢丝绳的磨损、断丝不得超标。

使用前应检查安全母绳是否存在使用缺陷并及时进行更换。

钢丝绳绳夹在受载后应进行检查,并视情况进一步拧紧。

10)盖梁支座作业防护栏杆

(1)说明。

设施名称:盖梁支座作业防护栏杆。

适用场所:盖梁支座垫石施工时安全防护。

结构规格:防护栏杆主要由横杆、立柱、挡脚板、安全网等组成。护栏横杆、立柱采用 60mm×60mm×4mm 方管,防护栏杆张挂菱形网片,下部外侧加 180mm 高踢脚板。

材料使用要求:横杆、立柱宜采用钢管或型钢,钢材力学性能不宜低于 Q235B,或选用铝合金、纤维增强复合材料等其他力学性能不低于 Q235B 的等效材料,且应符合现行《碳素结构钢》(GB/T 700)等的有关规定。挡脚板宜采用钢板或其他等效材料,其力学性能不应低于 Q235;安全网宜采用钢丝网、钢板网或密目式安全网,且应符合现行《安全网》(GB 5725)、《钢板网》(GB/T 33275)等的有关规定。钢丝网、钢板网力学性能不应低于 Q235。防护栏杆宜采用安全警示色,并符合相关标准的规定。

材料其他性能应满足现行有关标准的要求。

(2)效果展示及现场应用如图 3-29 所示。

(3)设计图及材料明细如图 3-30 所示。

(4)安装要求。

防护栏杆各构件之间采用焊接、套接、销轴连接等方式连接固定。

防护栏杆立柱底端应固定牢靠,并符合设计制造单位的安装要求。防护栏杆安装后,横杆、立柱应能承受任何方向施加的 1kN 的集中荷载。

防护栏杆线形应协调,各构件不得歪斜、扭曲、变形;切割部位应锉平磨光;边角整齐;栏杆表面安全警示色、防锈漆应涂层均匀、牢固,无明显的堆漆、漏漆等缺陷。

所有构件的表面要求光滑,无锐边、尖角及无刺等。

护栏安装时,应保证其整体线形及稳定性,在保障安全使用的基础上提高整体美观。

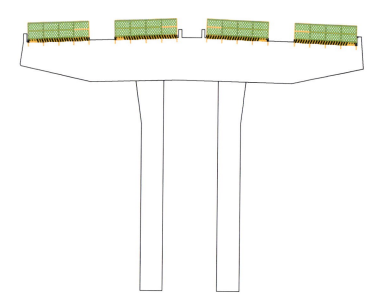

图 3-29 盖梁支座作业防护栏杆示意图

（5）使用维护。

应避免在防护栏杆构件上额外施加长期的外力作用及施加振动荷载，不得随意悬挂重物。

防护栏杆使用过程中发现锈蚀、腐蚀、松动或损坏的，应及时进行检查、维修。

11）盖梁张拉挡板辅助内撑

（1）说明。

设施名称：盖梁张拉挡板辅助内撑。

适用场所：盖梁张拉时，作为挡板辅助内侧支撑使用。

结构规格：盖梁张拉挡板辅助内撑采用三角支撑形式设置于张拉挡板两侧，横撑及斜撑均采用 12.6 号工字钢，与张拉挡板采用焊接连接。

材料使用要求：主体内撑框架宜采用型钢制作，且应满足强度、刚度和稳定性要求。

材料其他性能应满足现行有关标准的要求。

（2）效果展示及现场应用如图 3-31 所示。

（3）设计图及材料明细如图 3-32 所示。

（4）安装要求。

盖梁张拉挡板辅助内撑应采用焊接方式连接固定。焊接要求应符合现行《钢结构工程施工质量验收标准》（GB 50205）的有关规定。

构件安装后不得有歪斜、扭曲、变形、破损及其他缺陷。

内撑横杆和斜杆的设置、固定及连接，应确保盖梁张拉挡板的整体稳固。

（5）使用维护。

3 施工安全防护设施标准化设计

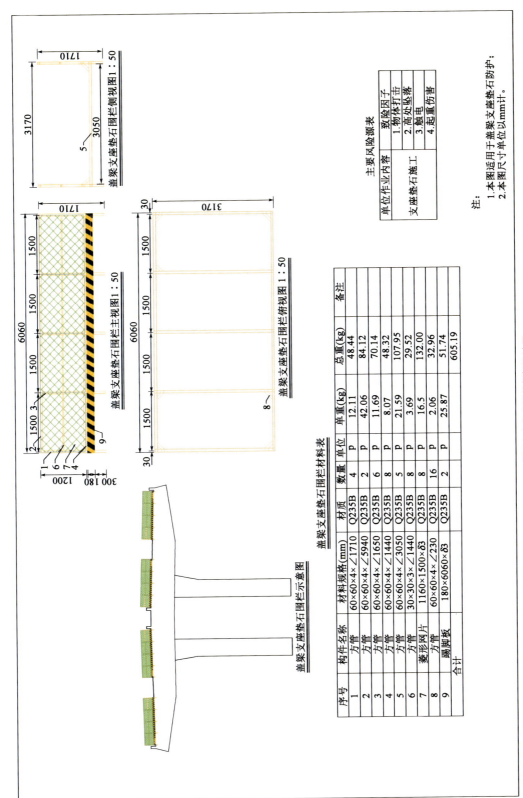

图 3-30 盖梁支座作业防护栏杆设计图

a)　　　　　　　　　　　　　　　　　b)

图3-31　盖梁张拉挡板辅助内撑

现场使用过程中应注意杆件间的有效联结和拧固,防止发生脱落。应定期检查主体框架、防护挡板及辅助内撑的完整性。

12) 盖梁模板上下钢斜梯

(1) 说明。

设施名称:盖梁模板上下钢斜梯。

适用场所:盖梁施工时作业人员上下通行使用。

结构规格:盖梁模板上下钢斜梯主要由主体框架、踏板、平台、扶手等组成。钢斜梯梯梁采用∠50mm×50mm×5mm角钢,踏步采用5mm花纹钢板;钢斜梯护栏采用高度为1200mm的ϕ40mm×3mm镀锌钢管;底部安装滑轮便于现场使用。踏步高r、踏步宽g与钢斜梯倾角a常用组合参见表3-2。

材料使用要求:钢斜梯各构件选用的钢材力学性能不宜低于Q235B,且应符合现行《碳素结构钢》(GB/T 700)等的有关规定。

材料其他性能应满足现行有关标准的要求。

(2) 效果展示及现场应用如图3-33所示。

(3) 设计图及材料明细如图3-34所示。

(4) 安装要求。

盖梁模板上下钢斜梯各构件之间应采用焊接连接,焊接要求应符合现行《钢结构工程施工质量验收标准》(GB 50205)的有关规定。采用其他方式连接时,连接强度应不低于焊接。

盖梁施工平台应坚实平整。钢斜梯滚轮应坚实可靠、使用方便、带锁止装置。

钢斜梯安装后不应有歪斜、扭曲、变形及其他缺陷;表面应光滑,无锐边、尖角、毛刺、裂纹、焊渣或明显锤痕等可能对梯子使用者造成伤害或妨碍其通过的外部缺陷。

构件防锈防腐涂装涂层应均匀、牢固,无明显的堆漆、漏漆等缺陷。

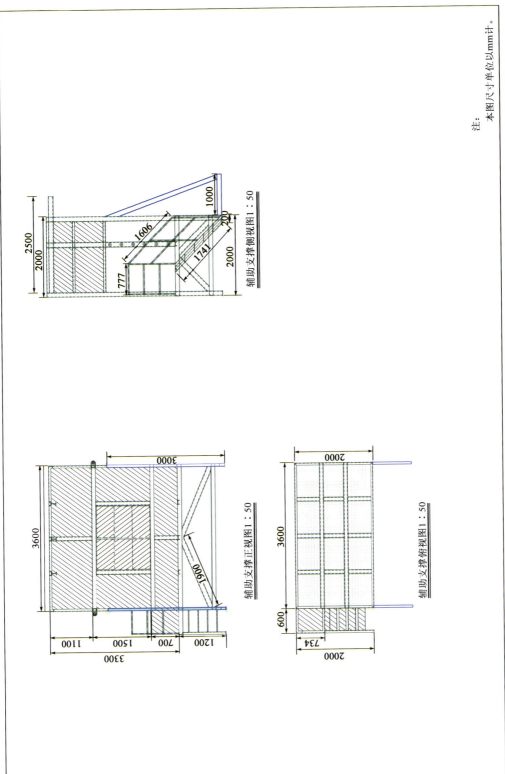

图 3-32 盖梁张拉挡板辅助内撑设计图

注：本图尺寸单位以mm计。

图 3-33　盖梁模板上下钢斜梯

护栏立杆和横杆的设置、固定及连接,应确保在上下横杆和立杆任何处均能承受任何方向的最小 1kN 的外力作用。

(5)使用维护。

对长时间不用的盖梁模板上下钢斜梯应整齐堆放并用防潮布遮盖。

禁止同一段钢斜梯上 2 人及以上同时使用。

钢斜梯在使用前应进行检查,特别是对滑轮的稳定性进行检查,防止使用过程中发生滑移。

钢斜梯使用时,到上方障碍物的垂直距离不应小于 2m。移动时,梯子上不得站人。

钢斜梯安装滚轮时,制动器除在移动情况外,均应保持制动状态。

3.2.4　梁板施工安全防护

1)设计说明

根据《公路工程施工安全技术规范》(JTG F90—2015)、《公路水运工程施工安全标准化指南》等文件要求:

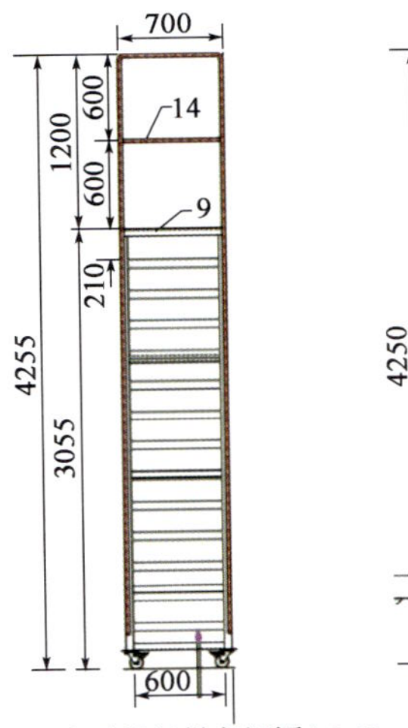

3 施工安全防护设施标准化设计

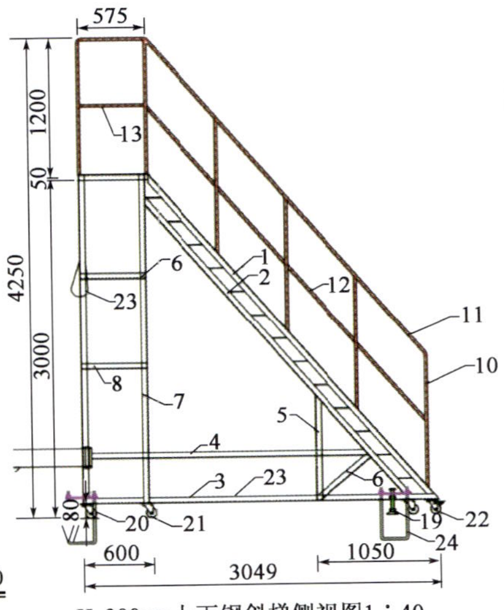

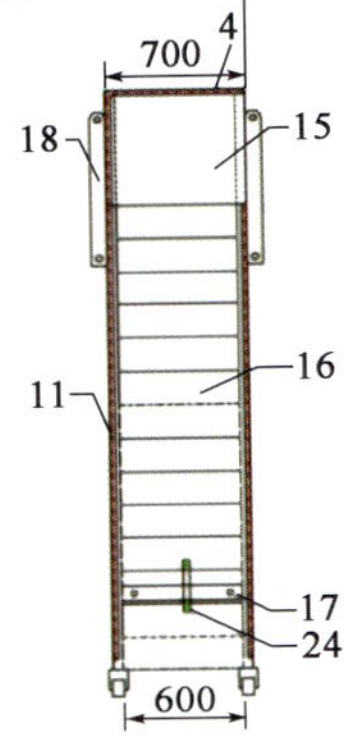

H=300cm上下钢斜梯材料表

序号	构件名称	材料规格(mm)	材质	数量	单位	单重(kg)	总重(kg)	备注
1	角钢	∠50×50×5×∠3750	Q235B	2	根	14.14	28.23	
2	角钢	∠50×50×5×∠3500	Q235B	2	根	13.20	26.39	
3	角钢	∠50×50×5×∠3045	Q235B	2	根	11.48	22.96	
4	角钢	∠50×50×5×∠2445	Q235B	2	根	9.22	18.44	
5	角钢	∠50×50×5×∠930	Q235B	2	根	3.51	7.01	
6	角钢	∠50×50×5×∠545	Q235B	2	根	2.05	4.11	
7	角钢	∠50×50×5×∠2930	Q235B	4	根	10.97	44.20	
8	角钢	∠50×50×5×∠600	Q235B	8	根	2.26	18.10	
9	角钢	∠50×50×5×∠700	Q235B	10	根	2.64	26.39	
10	钢管	ϕ40×3×∠1200	Q235B	12	根	3.94	47.29	
11	钢管	ϕ40×3×∠3550	Q235B	2	根	11.99	23.97	
12	钢管	ϕ40×3×∠876	Q235B	8	根	2.88	23.01	
13	钢管	ϕ40×3×∠600	Q235B	2	根	1.97	3.94	
14	钢管	ϕ40×3×∠700	Q235B	2	根	2.30	4.60	
15	花纹C型钢板	600×700×δ5	Q235B	1	根	16.49	16.49	
16	花纹C型钢板	C200×60×5×∠695	Q235B	13	根	0.36	4.68	
17	钢板	700×80×δ10	Q235B	1	根	4.40	4.40	
18	固定支撑1		Q235B	2	根	36.73	73.46	
19	调节腿	地盘D80 螺杆M16×300	Q235B	2	根			配有制动闸
20	万向轮		Q235B	4	根			配有制动闸
21	定向轮		Q235B	2	根			配有制动闸
22	制动轮	ϕ8	Q235B	2	根			
23	纤维绳		芳纶	2	根	3.11	6.22	临时加固措施
24	U型扣		Q235B	2	根			临时加固措施
	合计						403.94	
	总计			1	套		403.94	

注:
1. 本图适用于不同高度盖梁模板上下钢斜梯防护;
2. 本图尺寸单位以mm计;
3. 上下钢斜梯高度按实调整;
4. 下设防滑脚轮,须在制动闸,四处固定支撑状态下使用;
5. 行走轮的制动器除在移动情况下,均应保持制动状态;
6. 移动时,操作平台上不得站人;
7. 同时上下人数不得超过2人。

图 3-34 盖梁模板上下钢斜梯设计图

钢桥安装应编制专项施工方案,应附具临时支架、支承、起重机等临时结构和钢桥结构本身在不同受力状态下的强度、刚度及稳定性验算结果。

架梁用的扳手、小工具、冲钉及螺栓等应存放在工具箱内,不得抛掷。多余的料具应及时清理。拼装杆件时,应安好梯子、溜绳、脚手架,斜杆应安装保险吊具。杆件起吊时,应先试吊。构件在转运过程中应保持平衡稳定,不得碰撞已安装构件和其他作业设施。

2)钢板组合梁安全吊篮

(1)说明。

设施名称:钢板组合梁安全吊篮。

适用场所:钢板组合梁焊接时供人员作业使用。

结构规格:钢板组合梁安全吊篮由挂件和吊篮两部分组成。挂件使用6mm钢板制成,并于钢板两侧设置4处12mm肋板,保证挂件整体稳定性。吊篮框架采用∠50mm×3mm角钢焊接而成,底部设置花纹钢板及踢脚板,并悬挂密目网。

材料使用要求:各构件选用的钢材力学性能不宜低于Q235B,且应符合现行《碳素结构钢》(GB/T 700)等的有关规定。

材料其他性能应满足现行有关标准的要求。

(2)效果展示及现场应用如图3-35所示。

(3)设计图及材料明细如图3-36所示。

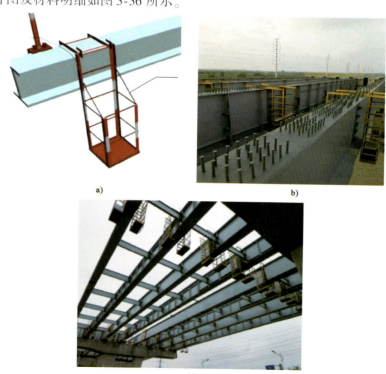

图3-35 钢板组合梁安全吊篮

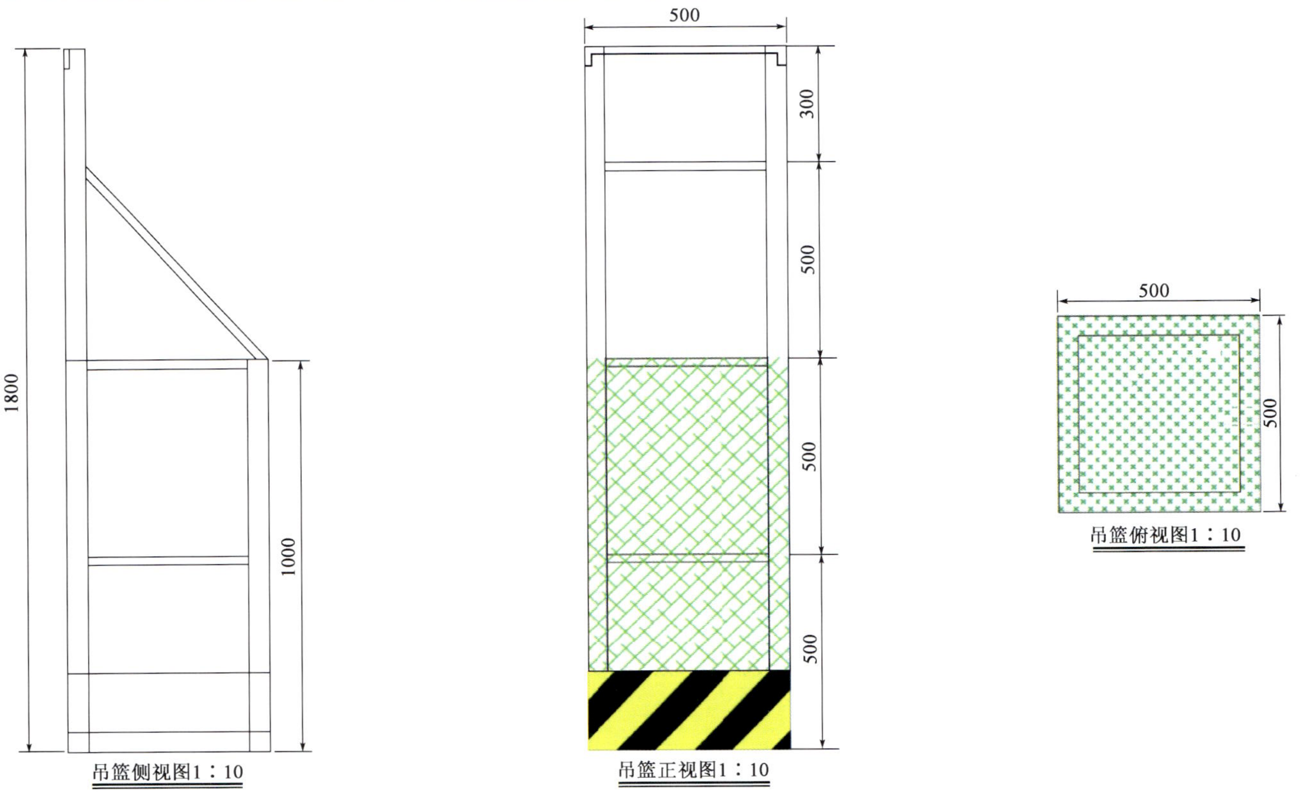

3 施工安全防护设施标准化设计

注：本图尺寸单位以mm计。

图 3-36 钢板组合梁安全吊篮设计图

(4)安装要求。

钢板组合梁安全吊篮各构件之间应采用焊接连接,焊接要求应符合现行《钢结构工程施工质量验收标准》(GB 50205)的有关规定。采用其他方式连接时,连接强度应不低于焊接。

吊篮安装后不应有歪斜、扭曲、变形及其他缺陷;表面应光滑,无锐边、尖角、毛刺、裂纹、焊渣或明显锤痕等可能对使用者造成伤害或妨碍其通过的外部缺陷。

构件防锈防腐涂装涂层应均匀、牢固,无明显的堆漆、漏漆等缺陷。

(5)使用维护。

对长时间不用的吊篮应整齐堆放并用防潮布遮盖。

吊篮使用前应检查构件焊接质量;人员作业时必须挂好安全带。

禁止同一吊篮上 2 人及以上同时使用。

3)钢板组合梁接火盆

(1)说明。

设施名称:钢板组合梁接火盆。

适用场所:钢板组合梁焊接使用,防止焊接火花及焊渣下落。

结构规格:钢板组合梁接火盆由底板、前部端板、后部端板及侧向挡板焊接而成,其上设置压板,用以稳固接火盆,并于接火盆内侧铺设防溅的防火岩棉。

材料使用要求:各构件选用的钢材力学性能不宜低于 Q235B,且应符合现行《碳素结构钢》(GB/T 700)等的有关规定。

材料其他性能应满足现行有关标准的要求。

(2)效果展示及现场应用如图 3-37 所示。

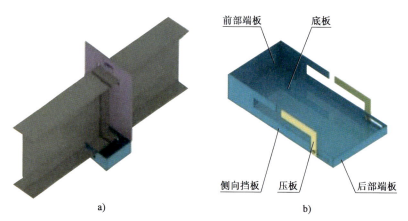

图 3-37 钢板组合梁接火盆示意图

(3)设计图及材料明细如图 3-38 所示。

(4)安装要求。

钢板组合梁接火盆各构件之间应采用焊接连接,焊接要求应符合现行《钢结构工程施工质量验收标准》(GB 50205)的有关规定。采用其他方式连接时,连接强度应不低于焊接。

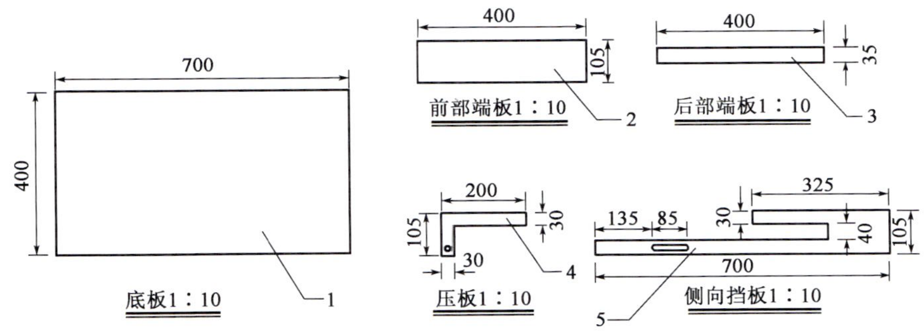

3 施工安全防护设施标准化设计

接火盆材料表

序号	构件名称	材料规格(mm)	材质	数量	单位	单重(kg)	总重(kg)	备注
1	底板	δ2	Q235B	1	块	4.48	4.48	
2	前部端板	δ2	Q235B	1	块	0.672	0.672	
3	后部端板	δ2	Q235B	1	块	0.224	0.224	
4	压板	δ3	Q235B	2	块	0.198	0.396	
5	侧向挡板	δ2	Q235B	2	块	0.64	1.28	
合计					套		7.05	

注：本图尺寸单位以mm计。

图 3-38 钢板组合梁接火盆设计图

钢板组合梁接火盆应做到轻盈,便于现场安装。

构件安装后不应有歪斜、扭曲、变形及其他缺陷;表面应光滑,无锐边、尖角、毛刺、裂纹、焊渣或明显锤痕等外部缺陷。

构件防锈防腐涂装涂层应均匀、牢固,无明显的堆漆、漏漆等缺陷。

(5)使用维护。

对长时间不用的接火盆应整齐堆放并用防潮布遮盖。

接火盆使用时宜铺设防溅的防火岩棉。

应定期检查接火盆各构件焊接质量,防止使用过程中发生脱落。

4)湿接缝作业安全吊篮

(1)说明。

设施名称:湿接缝作业安全吊篮。

适用场所:湿接缝、横隔板下端钢筋焊接等施工作业。

结构规格:湿接缝作业安全吊篮整体框架为(长×宽×高)700mm×600mm×1750mm,吊篮立柱采用50mm×25mm×2mm矩形管,底板采用2.5mm花纹钢板,护栏采用30mm×20mm×1.2mm矩形管,底板四周设置150mm高踢脚板。

材料使用要求:各构件选用的钢材力学性能不宜低于Q235B,且应符合现行《碳素结构钢》(GB/T 700)等的有关规定。

材料其他性能应满足现行有关标准的要求。

(2)效果展示及现场应用如图3-39所示。

a) b)

图3-39 湿接缝作业安全吊篮

(3)设计图及材料明细如图3-40所示。

(4)安装要求。

湿接缝作业安全吊篮各构件之间应采用焊接连接,焊接要求应符合现行《钢结构工程施工质量验收标准》(GB 50205)的有关规定。采用其他方式连接时,连接强度应不低于焊接。

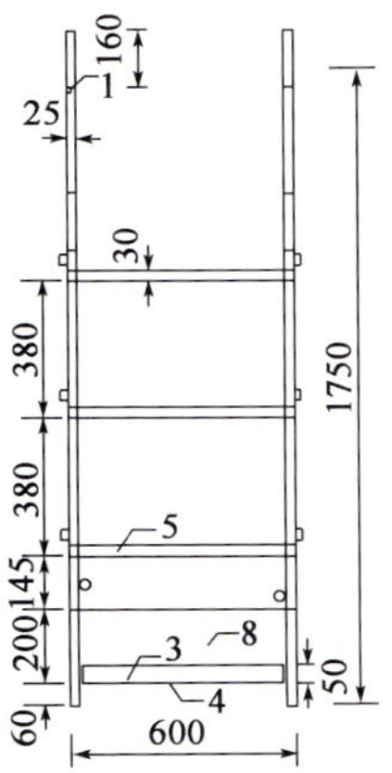

3 施工安全防护设施标准化设计

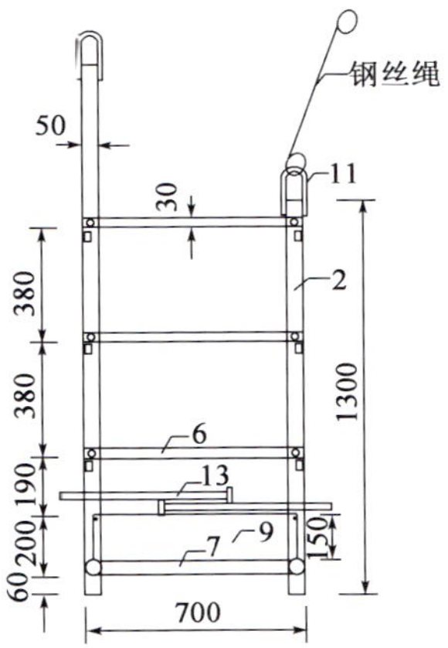

吊篮材料表

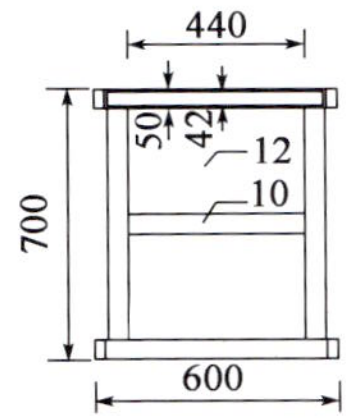

序号	构件名称	材料规格(mm)	材质	数量	单位	单重(kg)	总重(kg)	备注
1	矩形管	50×25×2 ∠1750	Q235B	2	p	3.90	7.80	
2	矩形管	50×25×2 ∠1300	Q235B	2	p	2.90	5.80	
3	圆钢管	φ50×2 ∠540	Q235B	2	p	1.28	2.56	
4	圆钢管	φ42×2 ∠550	Q235B	2	p	1.12	2.24	
5	矩形管	30×20×1.2 ∠600	Q235B	6	p	0.55	3.30	
6	矩形管	30×20×1.2 ∠700	Q235B	6	p	0.64	3.86	
7	方钢管	50×50×2 ∠650	Q235B	2	p	1.92	3.84	
8	固定踢脚板	600×150×2	Q235B	2	p	1.41	2.82	
9	活动踢脚板	650×150×2	Q235B	2	p	1.65	3.30	
10	方钢管	50×50×2 ∠440	Q235B	1	p	1.30	1.30	
11	挂环	20×12×365	Q235B	4	p	0.70	2.80	
12	花纹钢板	550×700×2.5	Q235B	1	p	7.70	7.70	
13	顶紧螺栓		Q235B	2	p	1.65	3.30	
	合计						50.62	
	总重				套	1	50.62	

主要风险源表

单位作业内容	致险因子
桥面施工	1.物体打击 2.高处坠落 3.触电 4.起重伤害 5.坍塌 6.机械伤害 7.灼烫

注：
1. 本图适用于湿接缝下端钢筋焊接等施工；
2. 本图尺寸采用单位以mm计；
3. 吊篮成品采购；
4. 吊篮限一人使用，使用时采用直径不小于20mm钢筋与桥梁预埋钢筋固定，两侧延伸不小于40cm；
5. 吊篮固定后安装活动踢脚板，再将顶紧螺栓顶紧。

图 3-40 湿接缝作业安全吊篮设计图

吊篮安装后不应有歪斜、扭曲、变形及其他缺陷；表面应光滑，无锐边、尖角、毛刺、裂纹、焊渣或明显锤痕等可能对使用者造成伤害或妨碍其通过的外部缺陷。

构件防锈防腐涂装涂层应均匀、牢固，无明显的堆漆、漏漆等缺陷。

（5）使用维护。

对长时间不用的吊篮应整齐堆放并用防潮布遮盖。

吊篮安装时，应检查其结构安全及稳定性，在地面进行荷载试验后方可投入使用。

吊篮使用前应检查构件焊接质量；人员作业时必须挂好安全带。

吊篮限一人使用，使用时采用直径不小于20mm的钢筋与桥梁预埋钢筋进行固定，两侧延伸长度不小于40cm，吊篮设置顶紧螺栓，以防空中摇晃。每次使用前对吊篮进行检查，螺栓无松动，各部件完整齐全。

吊篮使用时须有防坠措施，人员作业时必须挂好安全带。

5）湿接缝（横隔板）接火盆

（1）说明。

设施名称：湿接缝（横隔板）接火盆。

适用场所：湿接缝、横隔板处焊接使用，防止焊接火花及焊渣下落。

结构规格：接火盆由底板、前后部端板及侧向挡板焊接而成，其上设置钢丝绳，用以稳固接火盆，并于接火盆内侧铺设防溅的防火岩棉。

材料使用要求：各构件选用的钢材力学性能不宜低于Q235B，且应符合现行《碳素结构钢》（GB/T 700）等的有关规定。

材料其他性能应满足现行有关标准的要求。

（2）效果展示及现场应用如图3-41所示。

a)   b)

图3-41 湿接缝（横隔板）接火盆

（3）设计图及材料明细如图3-42所示。

（4）安装要求。

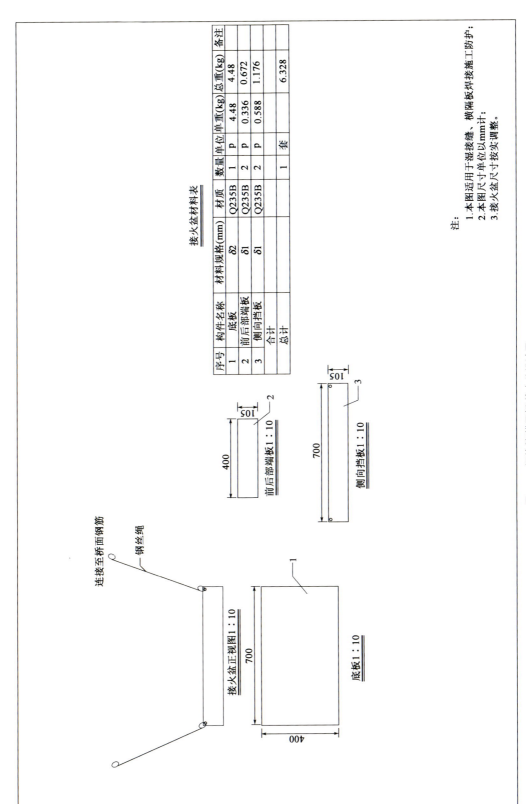

图 3-42 湿接缝(横隔板)接火盆设计图

湿接缝(横隔板)接火盆各构件之间应采用焊接连接,焊接要求应符合现行《钢结构工程施工质量验收标准》(GB 50205)的有关规定。采用其他方式连接时,连接强度应不低于焊接。

接火盆应做到轻盈,便于现场安装。

构件安装后不应有歪斜、扭曲、变形及其他缺陷;表面应光滑、无锐边、尖角、毛刺、裂纹、焊渣或明显锤痕等外部缺陷。

构件防锈防腐涂装涂层应均匀、牢固,无明显的堆漆、漏漆等缺陷。

(5)使用维护。

对长时间不用的接火盆应整齐堆放并用防潮布遮盖。

接火盆使用时宜铺设防溅的防火岩棉。

应定期检查接火盆各构件焊接质量,防止使用过程中发生脱落。

3.2.5 架桥机施工安全防护

1)设计说明

根据《公路工程施工安全技术规范》(JTG F90—2015)、《公路水运工程施工安全标准化指南》等文件要求:

架桥机支腿处应铺设垫木并进行临时固结。

当现场实测风力达到6级(含)以上或雨雪中级(含)以上时,必须停止作业,并做好防护工作。

应设专人监控吊具、钢丝绳、制动装置、限位开关、防护栏和安全网等重要安全设备,并做好记录。

架桥机作业平台处应设密目式安全网,人员行走平台及楼梯应设置护栏。

施工中对高处作业的安全技术设施,发现有缺陷或隐患时,必须及时解决;危及人身安全时,必须停止作业。

2)架桥机作业钢直梯

(1)说明。

设施名称:架桥机作业钢直梯。

适用场所:架桥机与桥面之间的人员上下通行使用。

结构规格:架桥机作业钢直梯主要由梯梁、踏棍、护笼等组成。梯梁采用∠63mm×63mm×10mm角钢,踏棍采用φ27mm×3mm钢管,爬梯设置护笼,护笼采用圆形结构,水平笼箍采用50mm×6mm扁钢,立杆采用40mm×5mm扁钢,护笼底部距离下端基准面2400mm。梯梁间踏棍供踏表面内侧净宽500mm;梯子整个攀登高度上所有的踏棍垂直间距相等,相邻踏棍垂直间距300mm。

材料使用要求:各构件选用的钢材力学性能不宜低于Q235B,且应符合现行《碳素结构钢》(GB/T 700)等的有关规定。直梯踏棍应有附加的防滑性能。

材料其他性能应满足现行有关标准的要求。

(2)效果展示及现场应用如图 3-43 所示。

a)　　　　　　　　　　　　　　b)

c)

图 3-43　架桥机作业钢直梯

(3)设计图及材料明细如图 3-44 所示。

(4)安装要求。

架桥机作业钢直梯应采用焊接连接,焊接要求应符合现行《钢结构工程施工质量验收标准》(GB 50205)的有关规定。采用其他方式连接时,连接强度应不低于焊接。

无基础的钢直梯,至少焊两对支撑,将梯梁固定在结构、建筑物或设备上。相邻两对支撑的竖向间距,应根据梯梁截面尺寸、梯子内侧净宽及其在钢结构或混凝土结构的拉拔载荷特性确定。安装在固定结构上的钢直梯,应下部固定,其上部的支撑与固定结构牢固连接,在梯梁上开设长圆孔,采用螺栓连接。

在室外安装时,钢梯和连接部分的雷电保护、连接和接地应符合现行《建筑物防雷设计规范》(GB 50057)的要求。

安装后的钢直梯不应有歪斜、扭曲、变形及其他缺陷。表面应光滑,无锐边、尖角、毛刺、裂纹、焊渣或明显锤痕等可能对梯子使用者造成伤害或妨碍其通过的外部缺陷。

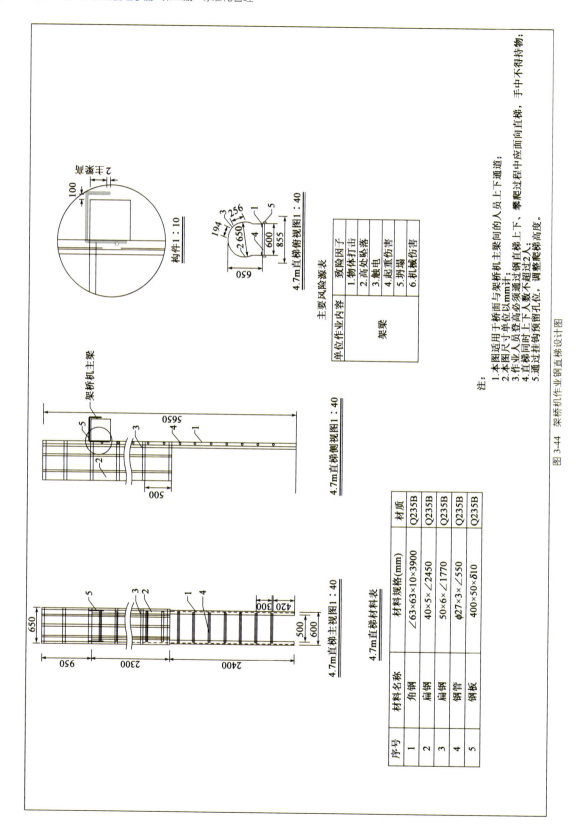

图3-44 架桥机作业钢直梯设计图

在自然环境中使用时,应对其至少涂一层底漆和一层(或多层)面漆,或进行热浸镀锌,或采用特殊涂层或耐腐蚀材料进行涂装。防锈防腐涂装涂层应均匀、牢固,无明显的堆漆、漏漆等缺陷。

(5)使用维护。

对长时间不用的钢直梯应整齐堆放并用防潮布遮盖。

禁止同一段钢直梯上 2 人及以上同时作业。在通道处使用梯子作业时,应有专人监护或设置围栏。

脚手架操作层上严禁架设梯子作业。

现场使用过程中应注意检查抱箍螺栓的有效联结和拧固,防止发生脱落。

3)架桥机作业安全母绳

(1)说明。

设施名称:架桥机作业安全母绳。

适用场所:架桥机主梁高空作业安全防护。

结构规格:架桥机作业安全母绳由 30mm×30mm 方钢管、20mm×20mm 方钢管、φ9mm 钢丝绳等构件组成。

材料使用要求:各构件选用的钢材力学性能不宜低于 Q235B,且应符合现行《碳素结构钢》(GB/T 700)等的有关规定。安全母绳挂点连接件应使用安全警示色,并符合相关标准的规定。

材料其他性能应满足现行有关标准的要求。

(2)效果展示及现场应用如图 3-45 所示。

a)   b)

图 3-45 架桥机作业安全母绳

(3)设计图及材料明细如图 3-46 所示。

(4)安装要求。

安全母绳应按照产品说明书进行安装,宜固定在预埋件上。

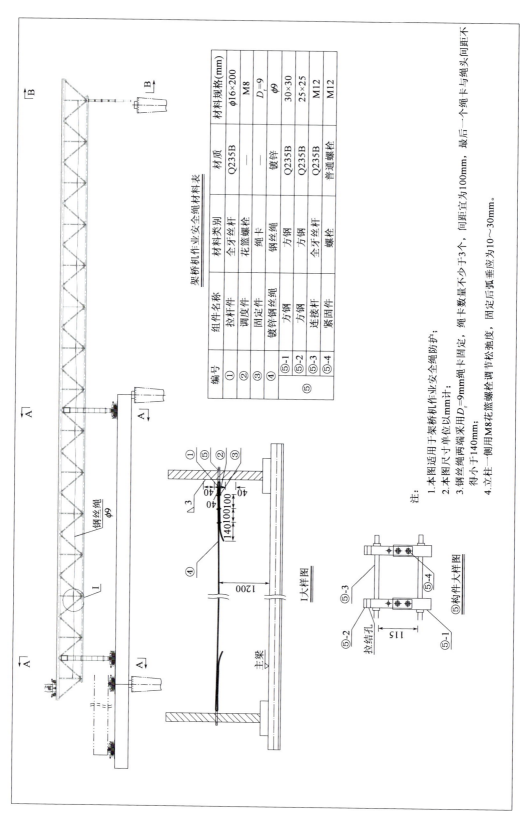

图 3-46 架桥机作业安全母绳设计图

安全母绳安全警示色、防锈漆涂层应均匀、牢固，无明显的堆漆、漏漆等缺陷。

钢丝绳两端采用 $D_r=9mm$ 绳卡固定，绳卡数量不少于 3 个，间距宜为 100mm，最后一个绳卡与绳头间距不得小于 140mm；立柱一侧用 M8 花篮螺栓调节松弛度，固定后弧垂应为 10～30mm。

在腐蚀性环境中工作时，应有防腐措施，能承受 15kN 的瞬时拉力，并无撕裂和破断的情况。

（5）使用维护。

安全母绳及相关材料在运输过程中和保管期间应不受损坏和腐蚀。

所有零部件应顺滑，无材料或制造缺陷，无尖角或锋利边缘。钢丝绳的磨损、断丝不得超标。

使用前应检查安全母绳是否存在使用缺陷并及时进行更换。钢丝绳绳夹在受载后应进行检查，并视情况进一步拧紧。

3.2.6 挂篮施工安全防护

1）设计说明

根据《公路工程施工安全技术规范》（JTG F90—2015）、《公路水运工程施工安全标准化指南》等文件要求：

挂篮施工前，在梁面两侧应设置防护栏杆，并挂设安全网。

挂篮的支承平台应有足够的平面尺寸，能满足梁段现场施工作业的需要，临边必须设安全防护网。

雨天进行高处作业时，必须采取可靠的防滑措施。遇有 6 级以上强风、浓雾等恶劣天气，不得进行露天攀登或悬空高处作业。台风暴雨后，应对高处作业安全设施逐一加以检查，发现有松动、变形、损坏或脱落等现象时，立即修理、完善。

施工时，现场应设置各类照明设施、安全警示标志。

2）菱形挂篮作业平台防护

（1）说明。

设施名称：菱形挂篮作业平台防护。

适用场所：菱形挂篮施工时，作业人员通行防护使用。

结构规格：菱形挂篮作业平台防护设施主要由钢直梯、钢斜梯、防护栏杆、安全平网等组成。安全直梯梯梁采用∠63mm×63mm×10mm 角钢，踏棍采用 φ27mm×3mm 钢管；直梯设置护笼，护笼采用圆形结构，水平笼箍采用 50mm×6mm 扁钢，立杆采用 40mm×5mm 扁钢，护笼底部距离下端基准面 2450mm。斜梯梯梁采用∠50mm×50mm×6mm 角钢，踏步采用 5mm 花纹钢板；斜梯设置高度为 1200mm 的 40mm×3mm 钢管护栏。防护栏杆横杆、立柱采用 60mm×60mm×4mm 方管，下部外侧加 180mm 高踢脚板，张挂 3mm 菱形网片等构件。

材料使用要求：各构件选用的钢材力学性能不宜低于 Q235B，且应符合现行《碳素结构钢》(GB/T 700)等的有关规定。钢丝网、钢板网力学性能不低于 Q235,且应符合现行《安全网》(GB 5725)、《钢板网》(GB/T 33275)等的有关规定。防护栏杆宜采用安全警示色,并符合相关标准的规定。

材料其他性能应满足现行有关标准的要求。

(2)效果展示及现场应用如图 3-47 所示。

a)
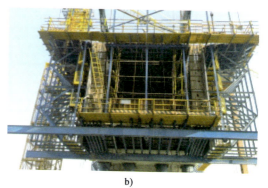
b)

图 3-47　菱形挂篮作业平台防护

(3)设计图及材料明细如图 3-48 所示。

(4)安装要求。

平台各构件之间可视需要采用扣件、焊接、定型套管、螺栓、销轴等方式进行连接固定,应保证设计的结构强度。支撑体系采用悬臂梁式时,其节点应采用螺栓或焊接的刚性连接。

平台应与支撑结构刚性连接,不应仅靠自重安装固定。当采用仅靠拉力的固定件时,其工作荷载系数应不小于1.5。搁置点、拉结点、支撑点应设置在稳定的结构上,悬挑梁宜锚固固定。

平台各构件之间、平台与支撑结构之间的连接固定等应符合相关标准的规定。平台安装时,应保证其刚度、强度、稳定性,防止倾斜、踩空事故的发生。

平台各构件不得有歪斜、扭曲、变形、破损及其他缺陷;平台底板应满铺、平整,无明显错台。

防护栏杆安装后,横杆、立柱应能承受任何方向施加的 1kN 的集中荷载。栏杆表面安全警示色、防锈漆应涂层均匀、牢固,无明显的堆漆、漏漆等缺陷。护栏安装时,应保证其整体线形及稳定性,在保障安全使用的基础上提高整体美观。

(5)使用维护。

应避免在防护栏杆构件上额外施加长期的外力作用及施加振动荷载,不得随意悬挂重物。

防护栏杆使用过程中发现锈蚀、腐蚀、松动或损坏的,应及时进行检查、维修。

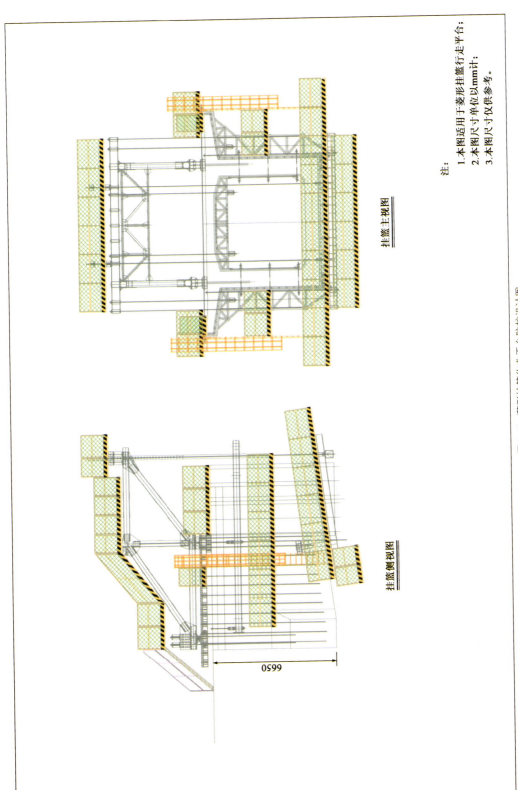

图 3-48 菱形挂篮作业平台防护设计图

平台投入使用时,应在平台的内侧设置标明允许负载值的限载牌及限定允许作业人数,不得超重;设备、材料在平台上应对称均匀放置,严禁超荷载或偏压堆放物料。

作业平台在吊运、安装、移动时,严禁人员上下。

作业平台应配备消防器材。

平台使用中严禁任意拆除任何构件。

平台使用过程中应每月不少于 1 次定期检查,应由专人进行日常维护。

3.2.7　桥面系施工安全防护

1)设计说明

根据《公路工程施工安全技术规范》(JTG F90—2015)、《公路水运工程施工安全标准化指南》等文件要求:

桥面施工前,在梁面两侧应设置防护栏杆,并挂设安全网。

施工中对高处作业的安全技术设施,发现有缺陷或隐患时,必须及时解决;危及人身安全时,必须停止作业。

雨天进行高处作业时,必须采取可靠的防滑措施。遇有 6 级以上强风、浓雾等恶劣天气,不得进行露天攀登或悬空高处作业。台风暴雨后,应对高处作业安全设施逐一加以检查,发现有松动、变形、损坏或脱落等现象时,立即修理、完善。

施工时,现场应设置各类照明设施、安全警示标志。

2)桥梁隔离带安全通道

(1)说明。

设施名称:桥梁隔离带安全通道。

适用场所:桥面左右幅、施工缝等位置,供人员及小型机具转移使用。

结构规格:桥梁隔离带安全通道主要由底部支撑、通道底板和防护栏杆组成。底部支撑纵向主钢梁采用 12 号槽钢,横向受力横杆采用 5 号槽钢,其上设置 4mm 花纹钢板,通过焊接与通道横梁连接。防护栏杆由 30mm×20mm×1.5mm 矩形方管、180mm 高踢脚板等构件组合而成。

材料使用要求:桥梁隔离带安全通道底部支撑宜选用型钢;通道底板宜选用厚度不小于 3mm 花纹钢板或经防滑处理的普通钢板,或钢脚手板、木质板等其他等效结构材料;各构件选用的钢材力学性能不宜低于 Q235B,且应符合现行《碳素结构钢》(GB/T 700)等的有关规定。防护栏杆宜采用安全警示色,并符合相关标准的规定。

材料其他性能应满足现行有关标准的要求。

(2)效果展示及现场应用如图 3-49 所示。

(3)设计图及材料明细如图 3-50 所示。

(4)安装要求。

 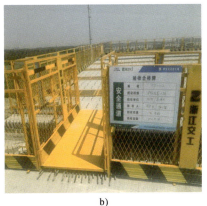

a) b)

图 3-49 桥梁隔离带安全通道

桥梁隔离带安全通道各构件之间宜采用焊接连接,焊接要求应符合现行《钢结构工程施工质量验收标准》(GB 50205)的有关规定。采用其他方式连接时,连接强度应不低于焊接。

通道钢梁应平直,各构件不得有歪斜、扭曲、变形、破损及其他缺陷;通道底板应满铺、平整,无明显错台。

通道护栏立杆和横杆的设置、固定及连接,应确保防护栏杆在上下横杆和立杆任何处均能承受任何方向的最小 1kN 外力作用。

在自然环境中使用时,应对其至少涂一层底漆和一层(或多层)面漆,或进行热浸镀锌,或采用特殊涂层或耐腐蚀材料进行涂装。防锈防腐涂装涂层应均匀、牢固,无明显的堆漆、漏漆等缺陷。

通道使用时应确保搁置长度,在确认通道搭接稳固的情况下方可使用。

(5)使用维护。

对长时间不用的安全通道应整齐堆放并用防潮布遮盖。

应在明显位置标明允许负载值的限载牌及限定允许的作业人数,不得超重。

使用中严禁任意拆除任何构件。

通道使用过程中应每月不少于 1 次定期检查,并由专人进行日常维护。

3)桥梁隔离带防护盖板

(1)说明。

设施名称:桥梁隔离带防护盖板。

适用场所:桥面左右幅防护,防止人员发生踩空、掉落。

结构规格:桥梁隔离带防护盖板框架采用 35mm × 35mm × 3mm 方钢管,并于连接处设置 5mm 钢板肋板,其上设置 5mm 花纹钢板,各构件通过焊接进行连接。

材料使用要求:各构件选用的钢材力学性能不宜低于 Q235B,且应符合现行《碳素结构钢》(GB/T 700)等的有关规定。盖板宜采用安全警示色,并符合相关标准的规定。

材料其他性能应满足现行有关标准的要求。

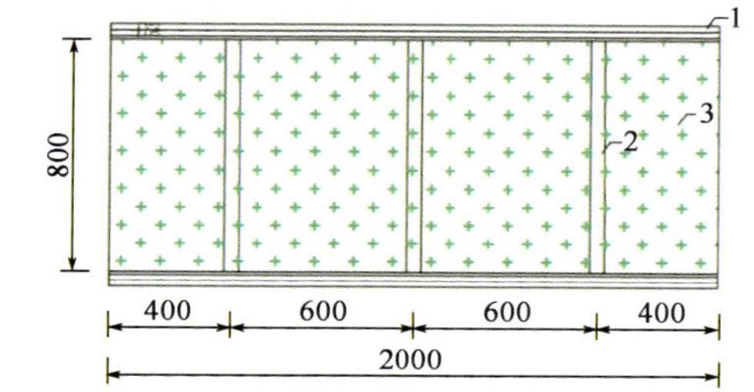

通道俯视图1：20

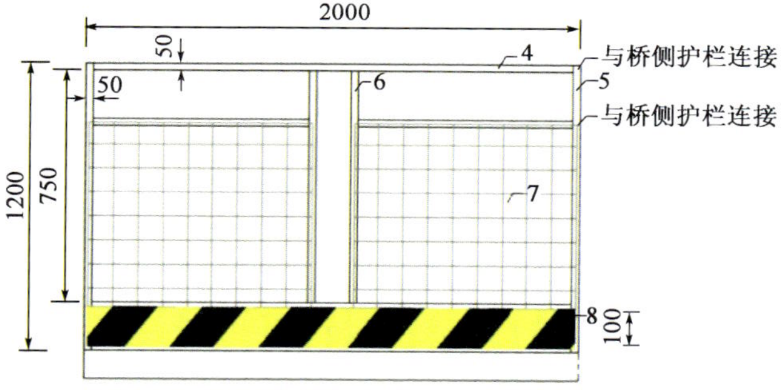

通道正视图1：20

钢制临时通道材料表

序号	构件名称	材料规格(mm)	材质	数量	单位	单重(kg)	总重(kg)	备注
1	12号槽钢	120×∠2000	Q235B	2	p	24.12	48.24	
2	5号槽钢	50×∠800	Q235B	3	p	4.35	13.06	
3	花纹钢板	2000×800×δ4	Q235B	1	p	50.25	50.25	
4	矩形管	30×20×1.5×∠1940	Q235B	8	p	2.15	17.22	
5	矩形管	30×20×1.5×∠1200	Q235B	4	p	1.33	5.32	
6	矩形管	30×20×1.5×∠970	Q235B	4	p	1.08	4.32	
7	花纹钢板	770×2000×δ5	Q235B	1	p	60.45	60.45	
8	踢脚板	180×2000×δ2.5	Q235B	2	p	5.65	11.30	
9	调节螺栓	M24	Q235B	4	p	—	—	每处配2块螺母
	合计							
	总计			1	套		210.16	

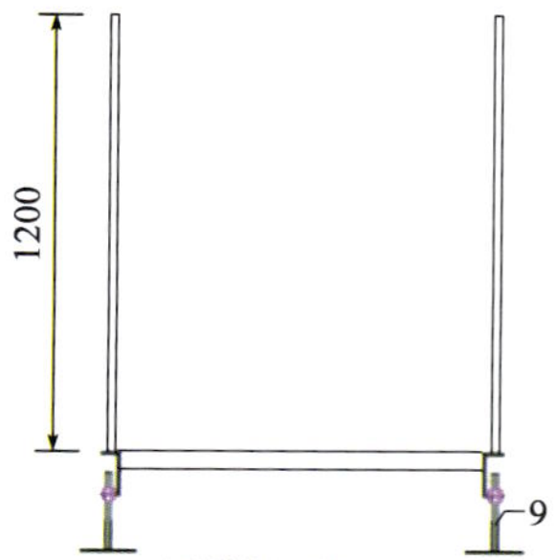

通道侧视图1：20

主要风险源表

单位作业内容	致险因子
桥面施工	1.物体打击 2.高处坠落 3.触电 4.起重伤害 5.坍塌 6.机械伤害 7.灼烫

注：

1.本图适用于桥面供人员及小型机械转移使用；

2.本图尺寸单位以mm计；

3.安全通道成品采购。

图 3-50　桥梁隔离带安全通道设计图

(2)效果展示及现场应用如图3-51所示。

a)

b)

图3-51 桥梁隔离带防护盖板

(3)设计图及材料明细如图3-52所示。

(4)安装要求。

桥梁隔离带防护盖板各构件之间宜采用焊接连接,焊接要求应符合现行《钢结构工程施工质量验收标准》(GB 50205)的有关规定。采用其他方式连接时,连接强度应不低于焊接。

盖板应平直,各构件不得有歪斜、扭曲、变形、破损及其他缺陷。

在自然环境中使用时,应对其至少涂一层底漆和一层(或多层)面漆,或进行热浸镀锌,或采用特殊涂层或耐腐蚀材料进行涂装。防锈防腐涂装涂层应均匀、牢固,无明显的堆漆、漏漆等缺陷。

通道使用时应确保搁置长度,在确认盖板稳固的情况下方可使用。

(5)使用维护。

对长时间不用的防护盖板应整齐堆放并用防潮布遮盖。

应在明显位置标明安全注意标识,涂装安全警示标识。

使用中严禁任意拆除任何构件。

使用过程中应每月不少于1次定期检查,并由专人进行日常维护。

4)桥面临边防护栏杆

(1)说明。

设施名称:桥面临边防护栏杆。

适用场所:桥面施工时临边防护使用。

结构规格:桥面临边防护栏杆主要由横杆、立柱、挡脚板、安全网等组成。护栏张挂菱形网片,护栏横杆、立柱采用30mm×20mm×1.5mm方管,下部外侧加180mm高踢脚板。

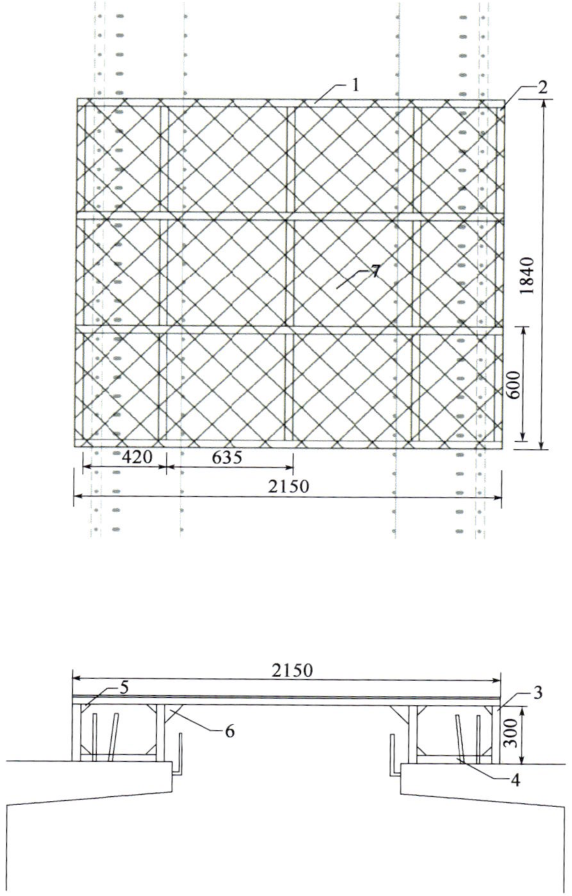

桥梁左右幅硬质盖板材料表

序号	构件名称	材料规格(mm)	材质	数量	单位	单重(kg)	总重(kg)	备注
1	方钢管	35×35×3×∠2150	Q235B	4	p	12.4	49.60	
2	方钢管	35×35×3×∠560	Q235B	15	p	1.74	26.10	
3	方钢管	35×35×3×∠300	Q235B	16	p	0.94	15.04	
4	方钢管	35×35×3×∠380	Q235B	8	p	1.18	9.44	
5	钢板	δ5	Q235B	28	p	0.05	1.40	
6	钢板	δ5	Q235B	8	p	0.20	1.60	
7	花纹钢板	2150×1840×δ5	Q235B	1	p	155.27	155.27	
合计							258.45	
总计					1	套	258.45	

主要风险源表

单位作业内容	致险因子
桥面施工	1.物体打击 2.高处坠落 3.触电 4.起重伤害 5.坍塌 6.机械伤害 7.灼烫

注：
1. 本图适用于桥面左右幅；
2. 本图尺寸单位以mm计；
3. 盖板支腿设置助板，增强稳定性；
4. 盖板成品采购。

图 3-52 桥梁隔离带防护盖板设计图

材料使用要求：横杆、立柱宜采用方钢或型钢，钢材力学性能不宜低于 Q235B；挡脚板宜采用钢板或其他等效材料，其力学性能不应低于 Q235；安全网宜采用钢丝网、钢板网或密目式安全网，且应符合现行《安全网》（GB 5725）、《钢板网》（GB/T 33275）等的有关规定，钢丝网、钢板网力学性能不应低于 Q235。防护栏杆宜采用安全警示色，并符合相关标准的规定。

材料其他性能应满足现行有关标准的要求。

（2）效果展示及现场应用如图 3-53 所示。

a)

b)

c)

图 3-53　桥面临边防护栏杆

（3）设计图及材料明细如图 3-54 所示。

（4）安装要求。

防护栏杆各构件之间采用焊接、套接、销轴连接等方式连接固定。

防护栏杆立柱底端应固定牢靠，并符合设计制造单位的安装要求。防护栏杆安装后，横杆、立柱应能承受任何方向施加的 1kN 的集中荷载。

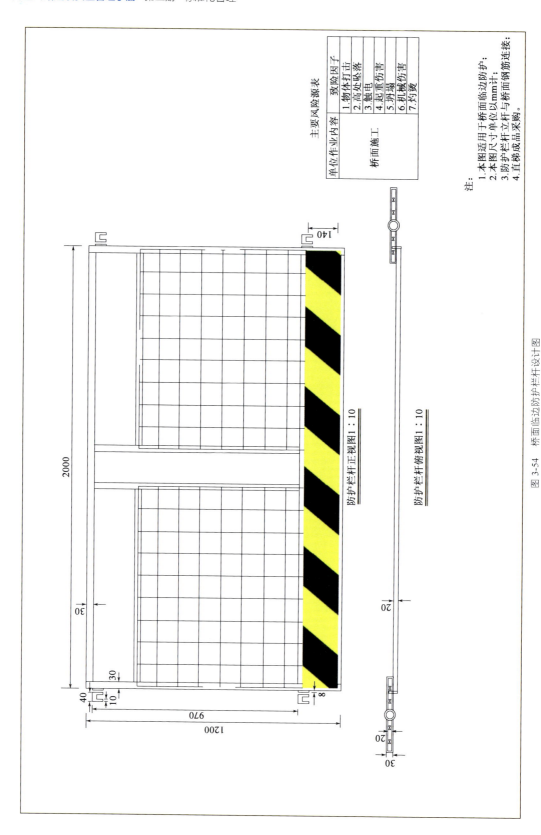

图 3-54 桥面临边防护栏杆设计图

防护栏杆线形应协调,各构件不得歪斜、扭曲、变形;切割部位应锉平磨光、边角整齐。栏杆表面安全警示色、防锈漆应涂层均匀、牢固,无明显的堆漆、漏漆等缺陷。

所有构件的表面要求光滑,无锐边、尖角及无刺等。

防护栏杆安装时,应保证其整体线形及稳定性,在保障安全使用的基础上提高整体美观。

(5)使用维护。

应避免在防护栏杆构件上额外施加长期的外力作用及施加振动荷载,不得随意悬挂重物。

防护栏杆使用过程中发现锈蚀、腐蚀、松动或损坏的,应及时进行检查、维修。

3.2.8 水上桥梁施工安全防护

1)设计说明

根据《公路工程施工安全技术规范》(JTG F90—2015)、《公路水运工程施工安全标准化指南》等文件要求:

大型深基坑除应遵循边开挖、边支护的原则施工外,尚应建立边坡稳定信息化动态监控系统。

水中围堰(套箱)和水中作业平台应设置船舶靠泊系统和人员上下通道,临边应设置高度不低于1.2m的防护栏杆,挂设安全网和救生圈。四周应设置警示标志和夜间航行警示灯光信号,通航密集水域应配备警戒船和应急拖轮。

水上作业必须在大型临时设施两侧及平台周边设置临边防护栏杆,并挂设安全网。

大型钢模板应设置工作平台和爬梯。工作平台应设置防护栏杆、挡脚板和限载标志。

2)围檩防护栏杆

(1)说明。

设施名称:围檩防护栏杆。

适用场所:围堰施工时围檩临边防护。

结构规格:围檩防护栏杆主要由横杆、立柱、挡脚板、安全网等组成。栏杆张挂铁丝焊网,护栏横杆、立柱采用30mm×20mm×3mm方管,下部外侧加180mm高踢脚板。模板护栏采用插入式木条塞与围檩连接。

材料使用要求:横杆、立柱宜采用方钢或型钢,钢材力学性能不宜低于Q235B;挡脚板宜采用钢板或其他等效材料,其力学性能不应低于Q235;安全网宜采用钢丝网、钢板网或密目式安全网,且应符合现行《安全网》(GB 5725)、《钢板网》(GB/T 33275)等的有关规定,钢丝网、钢板网力学性能不应低于Q235。采用钢丝网时,宜采用直径或截面不小于2mm的低碳冷拔钢丝。防护栏杆宜采用安全警示色,并符合相关标准的规定。

材料其他性能应满足现行有关标准的要求。

(2)效果展示及现场应用如图3-55所示。

(3)设计图及材料明细如图3-56所示。

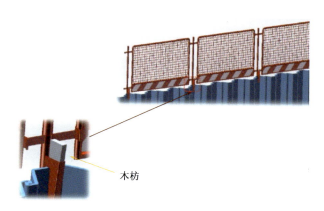

图 3-55 围檩防护栏杆示意图

（4）安装要求。

防护栏杆各构件之间采用焊接、套接、销轴连接等方式连接固定。

防护栏杆立柱底端应固定牢靠，并符合设计制造单位的安装要求。防护栏杆安装后，横杆、立柱应能承受任何方向施加的1kN的集中荷载。

防护栏杆线形应协调，各构件不得歪斜、扭曲、变形；切割部位应锉平磨光、边角整齐。栏杆表面安全警示色、防锈漆应涂层均匀、牢固，无明显的堆漆、漏漆等缺陷。

所有构件的表面要求光滑，无锐边、尖角及无刺等。

防护栏杆安装时，应保证其整体线形及稳定性，在保障安全使用的基础上提高整体美观。

（5）使用维护。

应避免在防护栏杆构件上额外施加长期的外力作用及施加振动荷载，不得随意悬挂重物。

防护栏杆使用过程中发现锈蚀、腐蚀、松动或损坏的，应及时进行检查、维修。

3）围檩行走平台防护

（1）说明。

设施名称：围檩行走平台防护。

适用场所：围堰施工过程中，钢板桩内支撑作为作业人员临时行走平台使用。

结构规格：围堰行走平台由 30mm×30mm×3mm 方管和 6mm 菱形网片组成，嵌入围堰的围檩中，用于人员通行。

材料使用要求：内部支撑框架宜采用方钢或型钢，钢材力学性能不宜低于 Q235B 且应符合现行《碳素结构钢》(GB/T 700)等的有关规定。菱形网片宜采用钢丝网、钢板网，钢丝网、钢板网力学性能不应低于 Q235，且应符合现行《安全网》(GB 5725)、《钢板网》(GB/T 33275)等的有关规定。

材料其他性能应满足现行有关标准的要求。

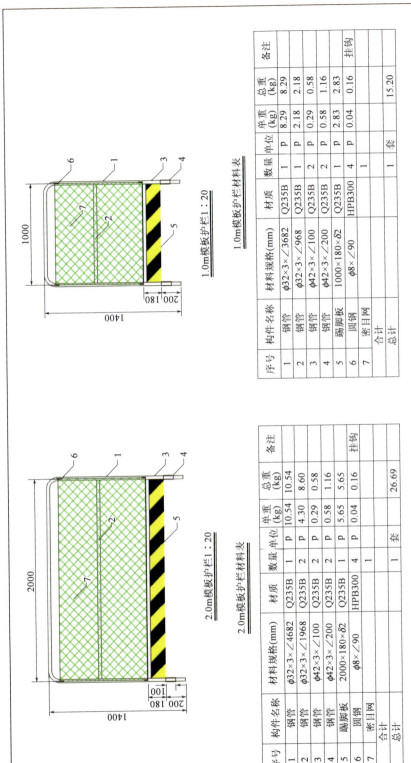

图 3-56 围檩防护栏杆设计图

（2）效果展示及现场应用如图3-57所示。

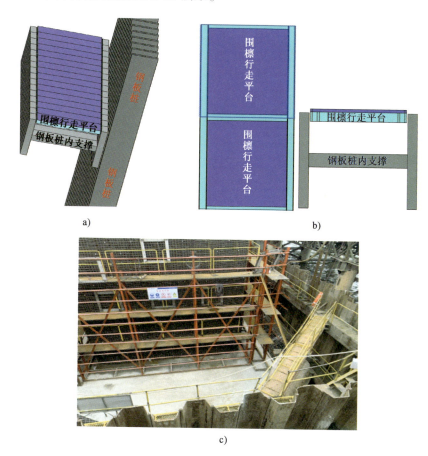

图3-57　围檩行走平台防护

（3）设计图及材料明细如图3-58所示。

（4）安装要求。

应注意构件焊接质量和使用效果，焊接要求符合现行《钢结构工程施工质量验收标准》（GB 50205）的有关规定。在自然环境中使用时，应对其至少涂一层底漆和一层（或多层）面漆，或进行热浸镀锌。在持续潮湿条件下使用的，建议进行热浸镀锌，或采用特殊涂层或耐腐蚀材料进行涂装。

平台不应有歪斜、扭曲、变形及其他缺陷，所有构件的表面要求无锐边、尖角及无刺等，或其他可能对使用者造成伤害的缺陷及其他外部缺陷。

行走平台安装时，应保证其整体线形、刚度、强度及稳定性，防止使用过程中倾斜、踩空事故的发生。

（5）使用维护。

围檩行走平台投入使用时，应在平台明显位置标明允许负载值的限载牌及限定允许通过人数，不得超重。

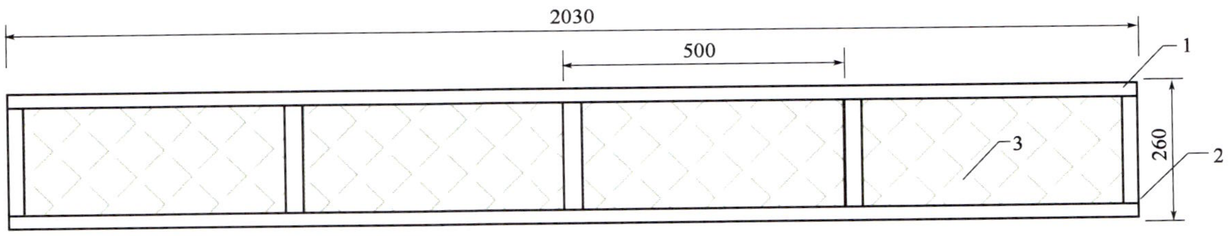

3 施工安全防护设施标准化设计

围堰护栏围网主视图1:20

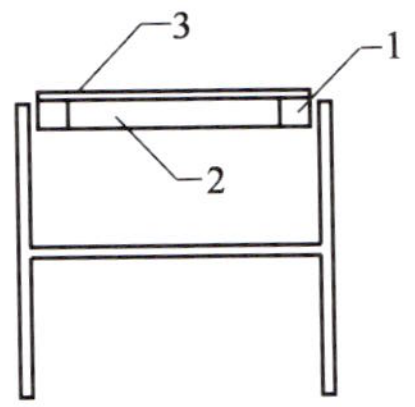

2m围堰踏步板材料表

序号	构件名称	材料规格(mm)	材质	数量	单位	单重(kg)	总重(kg)	备注
1	方管	30×30×3×∠2030	Q235B	2	p	2.49	4.98	
2	方管	30×30×3×∠200	Q235B	5	p	2.41	12.06	
3	菱形网片	2030×260×δ6	Q235B	1	p	3.39	3.39	
	合计						20.43	
	总计			1	套		20.43	

注:
1. 本图适用于围堰围檩围踏板防护;
2. 本图尺寸单位以mm计。

围堰护栏围网侧视图1:20

图3-58 围檩行走平台防护设计图

平台上不得堆放任何设备、材料。

平台在吊运、安装、移动时，严禁人员上下。

平台使用中严禁任意拆除任何构件。

平台使用过程中，应每月不少于1次定期检查，应由专人进行日常维护。

4) 水上墩柱作业平台防护

(1) 说明。

设施名称：水上墩柱作业平台防护。

适用场所：水上墩柱施工时，作为作业平台及临边防护使用。

结构规格：水上墩柱作业平台主要由支撑体系、平台底板、防护栏杆、安全直梯等组成。支撑体系由50mm×30mm×3mm方管焊接而成，平台底板为6mm花纹钢板，防护栏杆护栏横杆、立柱采用50mm×30mm×3mm方管，下部外侧加180mm高踢脚板，张挂3mm菱形网片；安全直梯梯梁采用63mm×10mm角钢，踏棍采用ϕ27mm×3mm钢管等构件组成。各构件通过焊接等工艺连接。

材料使用要求：各构件选用的钢材力学性能不宜低于Q235B，且应符合现行《碳素结构钢》(GB/T 700)等的有关规定。钢丝网、钢板网力学性能不低于Q235，且应符合现行《安全网》(GB 5725)、《钢板网》(GB/T 33275)等的有关规定。防护栏杆宜采用安全警示色，并符合相关标准的规定。

材料其他性能应满足现行有关标准的要求。

(2) 效果展示及现场应用如图3-59所示。

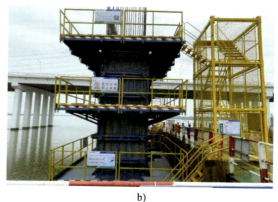

a)　　　　　　　　　　b)

图3-59　水上墩柱作业平台防护

(3) 设计图及材料明细如图3-60所示。

(4) 安装要求。

水上墩柱作业平台的各构件之间可视需要采用扣件、焊接、定型套管、螺栓、销轴等方式进行连接固定，应保证设计的结构强度。支撑体系采用悬臂梁式时，其节点应采用螺栓或焊接的刚性连接。

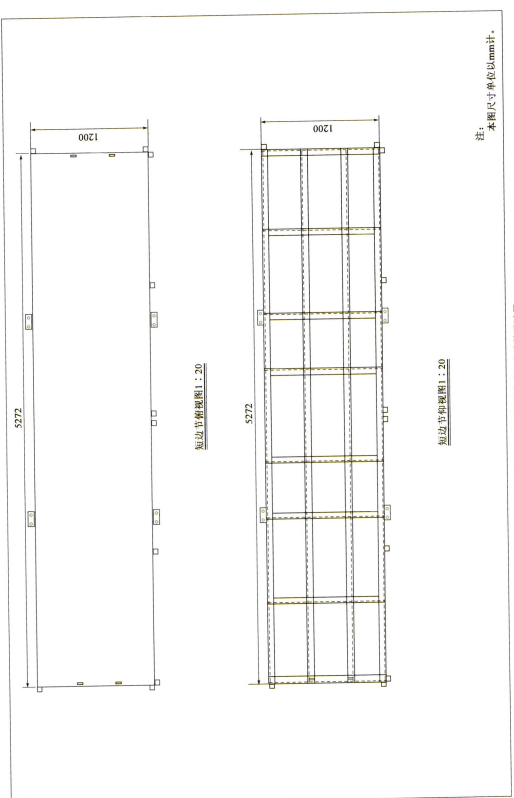

图 3-60 水上墩柱作业平台防护设计图

作业平台应与支撑结构刚性连接,不应仅靠自重安装固定。当采用仅靠拉力的固定件时,其工作荷载系数应不小于1.5。搁置点、拉结点、支撑点应设置在稳定的结构上,悬挑梁宜锚固固定。

防护栏杆安装后,横杆、立柱应能承受任何方向施加的1kN的集中荷载。栏杆表面安全警示色、防锈漆应涂层均匀、牢固,无明显的堆漆、漏漆等缺陷。防护栏杆安装时,应保证其整体线形及稳定性,在保障安全使用的基础上提高整体美观。

作业平台各构件之间、平台与支撑结构之间的连接固定等应符合相关标准的规定,平台安装时,应保证其刚度、强度、稳定性,防止倾斜、踩空事故的发生。

结构不应有歪斜、扭曲、变形及其他缺陷,所有构件的表面要求光滑、无锐边、尖角及无刺等,或其他可能对使用者造成伤害的缺陷及其他外部缺陷。

(5)使用维护。

应避免在防护栏杆构件上额外施加长期的外力作用及施加振动荷载,不得随意悬挂重物。

防护栏杆使用过程中发现锈蚀、腐蚀、松动或损坏的,应及时进行检查、维修。

作业平台投入使用时,应在平台的内侧设置标明允许负载值的限载牌及限定允许作业人数,不得超重;设备、材料在平台上应对称均匀放置,严禁超荷载或偏压堆放物料。

作业平台在吊运、安装、移动时,严禁人员上下。

作业平台应配备消防器材。

平台使用中严禁任意拆除任何构件。

平台使用过程中,应每月不少于1次定期检查,应由专人进行日常维护。

对长时间不用的钢直梯应整齐堆放并用防潮布遮盖。

禁止同一段钢直梯上2人及以上同时作业。在通道处使用梯子作业时,应有专人监护或设置围栏。

5)水上劲性骨架平台防护

(1)说明。

设施名称:水上劲性骨架平台防护。

适用场所:水上墩柱平台及临边防护使用。

结构规格:平台由型钢骨架支撑体系、平台底板、防护栏杆等结构组成,作为钢筋绑扎作业及人员行走平台。型钢骨架支撑体系由150mm×150mm H型钢、M20螺栓及法兰盘等构件组成。作业平台由50mm×50mm×3mm方管、安全防护网、6mm菱形网片等构件组合而成。防护围挡由40mm×40mm×3mm方管、50mm×50mm×3mm方管、3mm菱形网片等构件组成,下部外侧加180mm高踢脚板。各构件通过焊接等工艺连接。

材料使用要求:各构件选用的钢材力学性能不宜低于Q235B,且应符合现行《碳素结构钢》(GB/T 700)等的有关规定。钢丝网、钢板网力学性能不低于Q235,且应符合现行《安全网》(GB 5725)、《钢板网》(GB/T 33275)等的有关规定。防护栏杆宜采用安全警示色,并符合相关标准的规定。

材料其他性能应满足现行有关标准的要求。

(2)效果展示及现场应用如图3-61所示。

a)

b)

c)

图3-61 水上劲性骨架平台防护

(3)设计图及材料明细如图3-62所示。

(4)安装要求。

骨架平台的各构件之间可采用扣件、焊接、定型套管、螺栓、销轴等方式进行连接固定。

平台采用焊接连接时,焊接要求应符合现行《钢结构工程施工质量验收标准》(GB 50205)的有关规定。采用其他方式连接时,连接强度应不低于焊接。

平台应与构筑物进行刚性连接或设置连墙件等防倾覆措施,不得与其他临时结构物连接。

平台各构件之间的连接固定,构件与地面基础之间的连接固定等应符合相关标准的规定,受力满足设计文件或方案的要求。

平台地基应坚实平整,基础四周应有防排水设施。

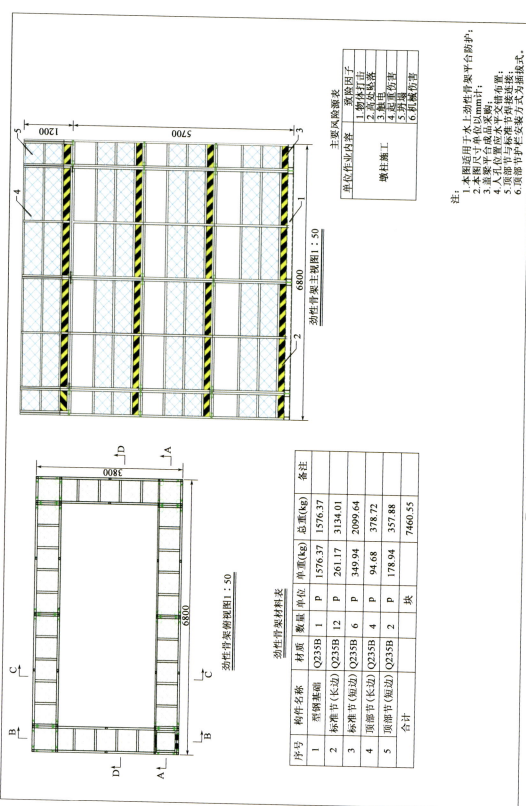

图 3-62 水上劲性骨架平台防护设计图

平台安装后,钢梁应平直,各构件不得有歪斜、扭曲、变形、破损及其他缺陷;底板应满铺、平整,无明显错台。

(5)使用维护。

应避免在防护栏杆构件上额外施加长期的外力作用及施加振动荷载,不得随意悬挂重物。

使用过程中发现锈蚀、腐蚀、松动或损坏的,应及时进行检查、维修。

平台投入使用时,应在平台的内侧设置标明允许负载值的限载牌及限定允许作业人数,不得超重;设备、材料在平台上应对称均匀放置,严禁超荷载或偏压堆放物料。

平台出入口宜设置警示、隔离类设施进行围蔽,禁止无关人员、车辆入内;平台醒目位置应张贴悬挂安全使用规程,夜间施工上下道口时应设置警示灯。

平台在吊运、安装、移动时,严禁人员上下。

平台应配备消防器材。

平台使用中严禁任意拆除任何构件。

平台使用过程中应每月不少于1次定期检查,应由专人进行日常维护。

对长时间不用的钢直梯应整齐堆放并用防潮布遮盖。

禁止同一段钢直梯上2人及以上同时作业。在通道处使用梯子作业时,应有专人监护或设置围栏。

3.2.9 明挖隧道施工安全防护

1)设计说明

根据《公路工程施工安全技术规范》(JTG F90—2015)、《公路水运工程施工安全标准化指南》等文件要求:

明挖隧道基坑施工宜在枯水或少雨季节进行,并应连续施工,有支护的基坑应采取防碰撞措施,基坑附近有管网或其他结构物时,应有可靠的防护措施。中等以上降雨期间基坑内不得施工。

因作业需要临时拆除或变动安全防护设施时,必须经施工负责人同意,采取相应的可靠措施,作业后应立即恢复。

施工中对高处作业的安全技术设施,发现有缺陷或隐患时,必须及时解决;危及人身安全时,必须停止作业。

爬梯、工作平台应搭设牢固,夜间施工必须配备足够的照明设施、发光警示标志。

基于本项目现场实际需要,进行明挖隧道作业人员塔梯、明挖隧道钢斜梯、明挖隧道防护栏杆安全防护设施标准化设计,并进行现场应用,以提升项目现场安全防护标准化质量。

2)明挖隧道作业人行塔梯

(1)说明。

设施名称:明挖隧道作业人行塔梯。

适用场所:明挖隧道作业人员上下通行使用。

结构规格:塔梯是由方钢、角钢等钢结构加工而成的,由底座、平台、楼梯、立柱、扶手、安全防护网、防护门构成,通过焊接等工艺,将各构件形成一个四面笼状的安全围护体系,并采用底座与地面相连、连墙件与建筑主体相连的,供施工人员上下的一种重型安全人行通道。塔梯组装好后长度为 3000mm,宽度为 2000mm,各节高度为 2000mm、2400mm、2600mm、2800mm、3000mm,节与节之间用平台和螺栓紧固相连。

材料使用要求:各构件选用的钢材力学性能不宜低于 Q235B,且应符合现行《碳素结构钢》(GB/T 700)等的有关规定。钢丝网、钢板网力学性能不低于 Q235,且应符合现行《安全网》(GB 5725)、《钢板网》(GB/T 33275)等的有关规定。

材料其他性能应满足现行有关标准的要求。

(2)效果展示及现场应用如图 3-63 所示。

a)　　　　　　　　　　　　　　b)

图 3-63　明挖隧道作业人行塔梯

(3)设计图及材料明细如图 3-64 所示。

(4)安装要求。

塔梯所有配件表面应进行浸漆防锈处理,应使用防锈漆对产品表面进行浸泡或喷涂,油漆表面应光滑、均匀、色泽鲜艳,无漏涂、滴瘤等缺陷。

塔梯所有焊接焊口均必须采用双面满焊。焊接焊口应平整光滑,不得有穿焊、漏焊、咬焊、裂纹和夹渣等缺陷。

塔梯必须配合施工进度搭设,一次搭设高度不应超过相邻连墙件以上一层高度。每搭设一层,应校验塔梯支架的水平度和垂直度。楼梯扶手、其他配件的搭设应与立杆(立柱)搭设同步进行,严禁滞后安装。当塔梯支架高出相邻连墙件一层时,应采取确保塔梯整体结构稳定的临时拉结措施。

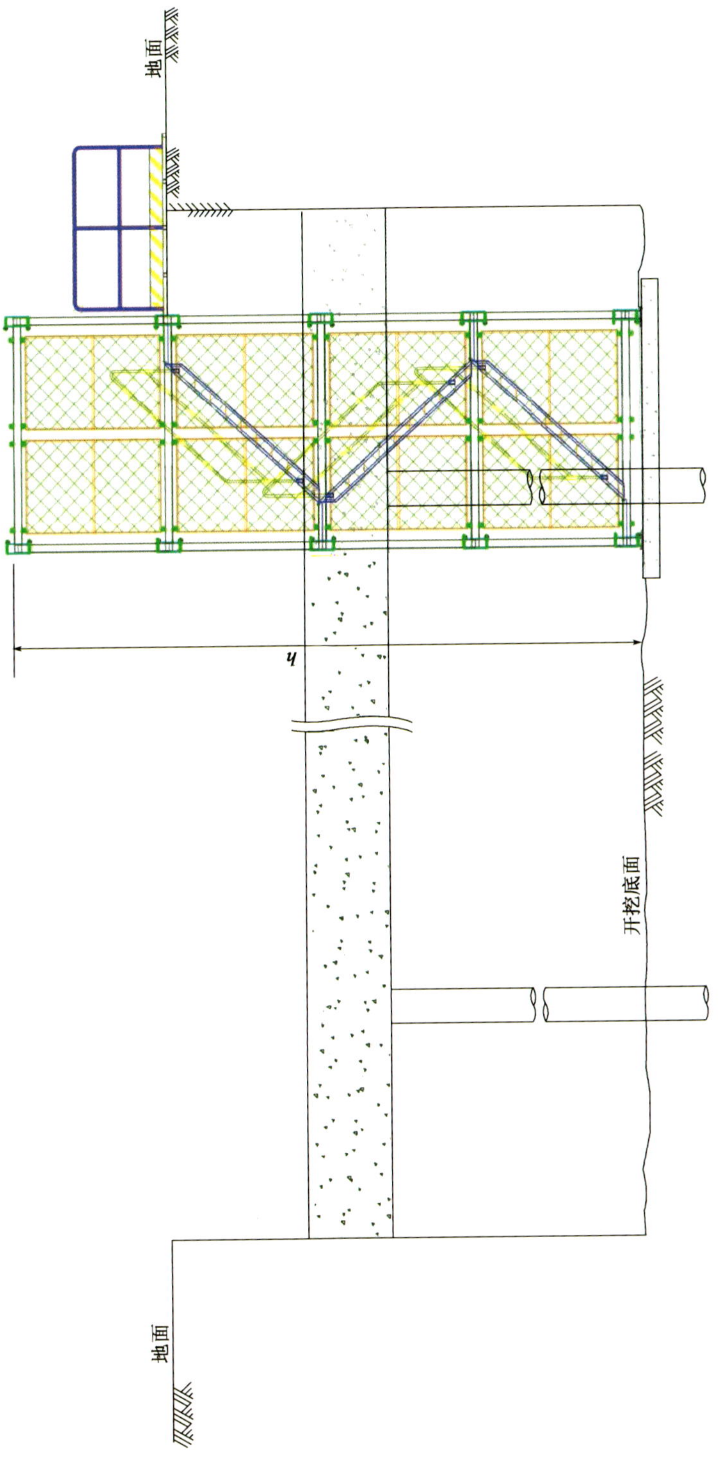

3 施工安全防护设施标准化设计

注:
1. 本图适用于明挖隧道隧道人行上下通道,场景仅为示意;
2. 图中 h 为基坑实际开挖深度。

图 3-64 明挖隧道作业人行塔梯设计图

塔梯每5m设置一层连墙件,每层连墙件数量不少于2个;大风期间使用揽风绳加固;基础采用厚度不小于30cm的C20混凝土硬化;塔梯同一个水平截面的滞留人数最多不能超过6人,同一踏步的滞留人数不超过3人。

严禁对塔梯架设地面周边进行挖掘作业,应始终保持其地基平整坚实(如在其基础及附近开沟挖坑,极易引起架体下沉,甚至倒塌)。基础四周应设有防排水设施,并确保排水通畅。

(5)使用维护。

为了维护塔梯使用安全,应进行日常性检查和维护,及时对爬梯上的杂物进行清理,避免落物伤人。

进场后的塔梯构件应按品种、规格分类,堆放整齐、平稳,堆放场地不得有积水。

3)明挖隧道钢斜梯

(1)说明。

设施名称:明挖隧道钢斜梯。

适用场所:明挖隧道冠梁施工作业人员上下通行使用。

结构规格:明挖隧道钢斜梯主要由梯梁、扶手、梯间平台、踏步等组成。梯梁采用∠63mm×63mm×6mm角钢,踏步、梯间平台采用4.5mm花纹钢板。斜梯设置高度为1100mm的护栏,护栏采用$\phi 40mm \times 3mm$的镀锌钢管。斜梯通过焊接角钢与地面连接。

材料使用要求:斜梯各构件选用的钢材力学性能不宜低于Q235B,且应符合现行《碳素结构钢》(GB/T 700)等的有关规定。

材料其他性能应满足现行有关标准的要求。

(2)效果展示及现场应用如图3-65所示。

(3)设计图及材料明细如图3-66所示。

(4)安装要求。

明挖隧道钢斜梯各构件之间宜采用焊接连接,焊接要求应符合《钢结构工程施工质量验收标准》(GB 50205)的有关规定。采用其他方式连接时,连接强度应不低于焊接。

在室外安装时,钢梯和连接部分的雷电保护、连接和接地应符合现行《建筑物防雷设计规范》(GB 50057)的要求。

安装后的斜梯不应有歪斜、扭曲、变形及其他缺陷。表面应光滑,无锐边、尖角、毛刺、裂纹、焊渣或明显锤痕等可能对梯子使用者造成伤害或妨碍其通过的外部缺陷。

护栏立杆和横杆的设置、固定及连接,应确保在上下横杆和立杆任何处均能承受任何方向的最小1kN的外力作用。

在自然环境中使用时,应对其至少涂一层底漆和一层(或多层)面漆,或进行热浸镀锌,或采用特殊涂层或耐腐蚀材料进行涂装。防锈防腐涂装涂层应均匀、牢固,无明显的堆漆、漏漆等缺陷。

a) b)

图 3-65 明挖隧道钢斜梯

(5)使用维护。

对长时间不用的钢斜梯应整齐堆放并用防潮布遮盖。

禁止同一段钢斜梯上 2 人及以上同时作业。

4)明挖隧道防护栏杆

(1)说明。

设施名称:明挖隧道防护栏杆。

适用场所:明挖隧道冠梁施工临边防护使用。

结构规格:明挖隧道防护栏杆主要由横杆、立柱、挡脚板、安全网等组成。护栏横杆、立柱采用 30mm×20mm×1.5mm 方管,张挂菱形网片,下部外侧加 200mm 高踢脚板。护栏采用螺栓与冠梁顶部连接。

材料使用要求:横杆、立柱宜采用方钢或型钢,钢材力学性能不宜低于 Q235B;挡脚板宜采用钢板或其他等效材料,其力学性能不应低于 Q235;安全网宜采用钢丝网、钢板网或密目式安全网,且应符合现行《安全网》(GB 5725)、《钢板网》(GB/T 33275)等的有关规定,钢丝网、钢板网力学性能不应低于 Q235。防护栏杆宜采用安全警示色,并符合相关标准的规定。

材料其他性能应满足现行有关标准的要求。

(2)效果展示及现场应用如图 3-67 所示。

(3)设计图及材料明细如图 3-68 所示。

(4)安装要求。

明挖隧道防护栏杆各构件之间采用焊接、套接、销轴连接等方式连接固定。

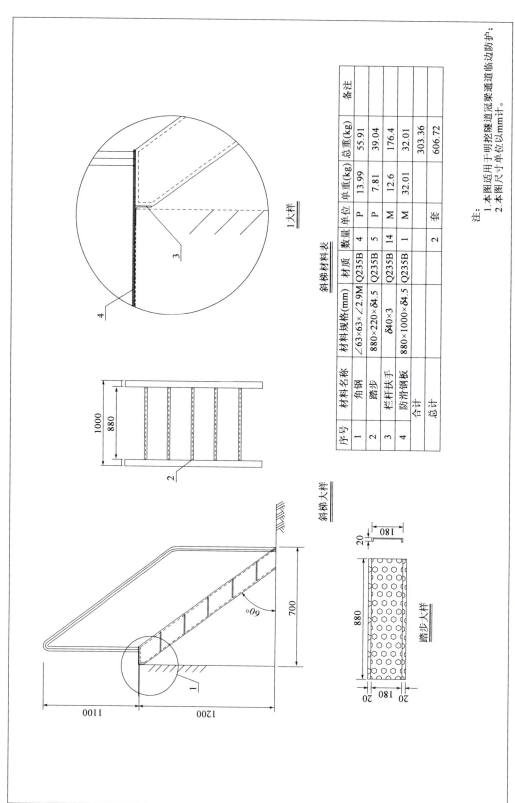

图 3-66 明挖隧道钢斜梯设计图

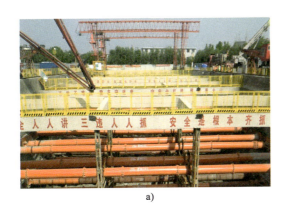 

a)　　　　　　　　　　　　　　b)

图 3-67　明挖隧道防护栏杆

防护栏杆立柱底端应固定牢靠,并符合设计制造单位的安装要求。防护栏杆安装后,横杆、立柱应能承受任何方向施加的 1kN 的集中荷载。

防护栏杆线形应协调,各构件不得歪斜、扭曲、变形;切割部位应锉平磨光、边角整齐。栏杆表面安全警示色、防锈漆应涂层均匀、牢固,无明显的堆漆、漏漆等缺陷。

所有构件的表面要求光滑,无锐边、尖角及无刺等。

防护栏杆安装时,应保证其整体线形及稳定性,在保障安全使用的基础上提高整体美观。

(5)使用维护。

应避免在防护栏杆构件上额外施加长期的外力作用及施加振动荷载,不得随意悬挂重物。

防护栏杆使用过程中发现锈蚀、腐蚀、松动或损坏的,应及时进行检查、维修。

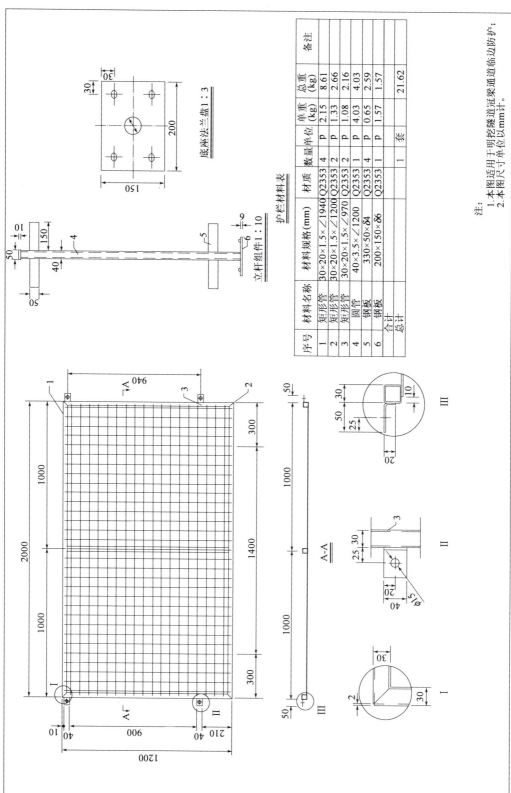

图 3-68 明挖隧道防护栏杆设计图